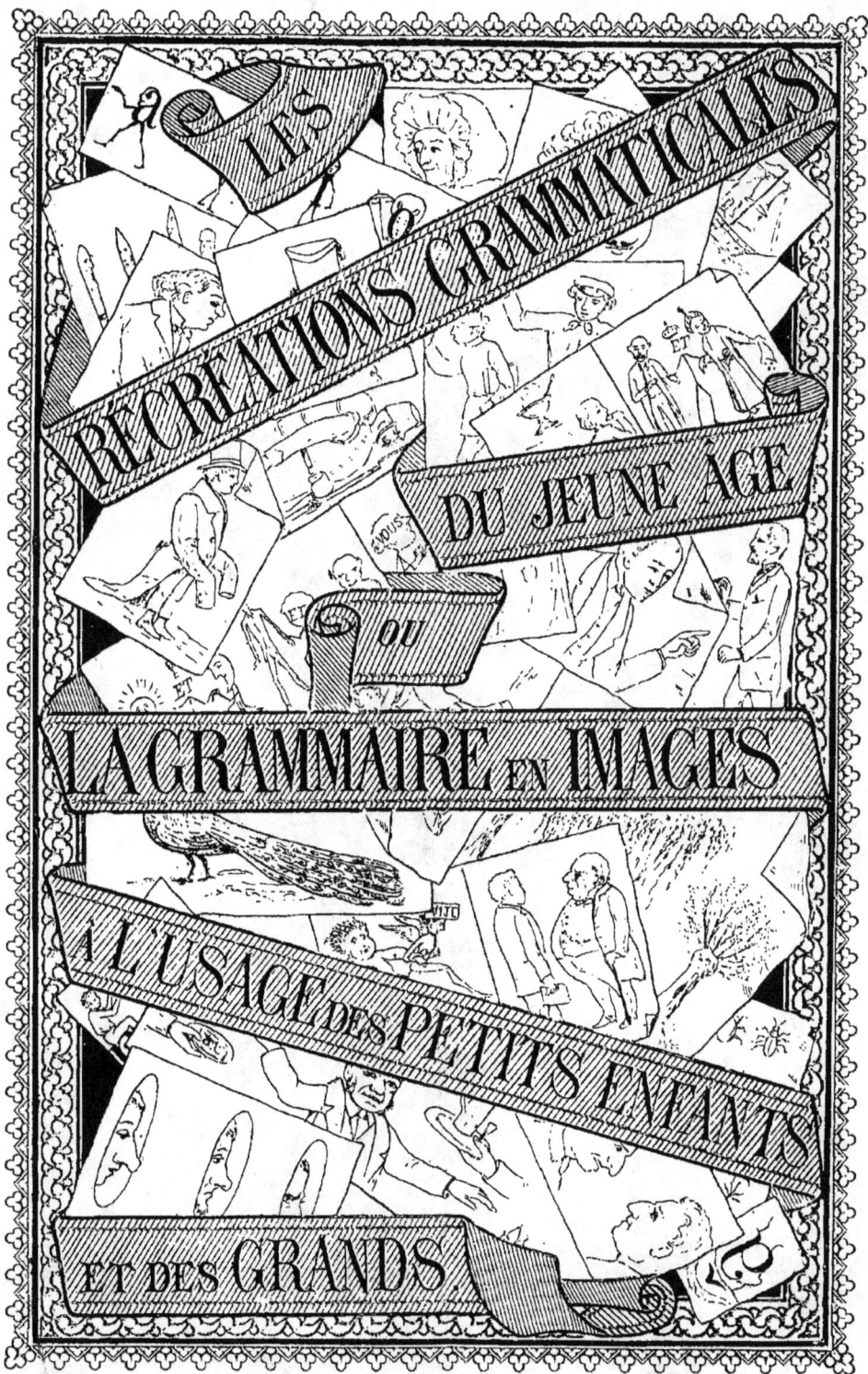

LES
RÉCRÉATIONS GRAMMATICALES
DU JEUNE ÂGE
OU
LA GRAMMAIRE EN IMAGES
À L'USAGE DES PETITS ENFANTS
ET DES GRANDS

RÉCRÉATIONS
GRAMMATICALES.

Imprimeries de St Saint Augustin

✠ Desclée De Brouwer & Cie

Lille

LES RÉCRÉATIONS GRAMMATICALES

DU JEUNE ÂGE

OU

LA GRAMMAIRE EN IMAGES

A L'USAGE DES PETITS ENFANTS

ET DES GRANDS

AVANT-PROPOS.

L'AUTEUR de la GRAMMAIRE RÉCRÉATIVE que nous publions est mort depuis plusieurs années déjà. Beaucoup sans doute regretteront, en lisant ces charmantes pages, qu'elles n'aient pas paru plus tôt. Diverses circonstances l'ont empêché. Heureusement, le livre a vu enfin le jour, et cela dans un moment où tout ce qui touche à l'enseignement primaire a le rare privilège d'attirer et de fixer l'attention des hommes sérieux.

Nous ne nous étendrons pas sur la valeur et le mérite du Docteur OLIVIER, de cet homme dont l'existence aussi modeste que laborieuse a été consacrée tout entière à l'étude des Lettres et des Sciences. Nous dirons seulement qu'il n'est resté étranger à aucune d'elles. Les ouvrages de tout genre qu'il a publiés lui ont fait une réputation qui allait grandissant tous les jours, quand une mort prématurée est venue, au grand détriment des Lettres, le ravir à l'affection de sa famille.

Plusieurs sommités de l'enseignement, auxquelles le manuscrit de ce livre fut communiqué, ont été unanimes à en conseiller la publication, lui prédisant le meilleur succès. C'est ce qui a décidé la famille du Docteur OLIVIER à le mettre enfin au jour.

Grammaire récréative.

PREMIÈRE RÉCRÉATION.

Les Lettres et les Syllabes.

Mes chers amis,

V OUS n'êtes pas sans avoir entendu dire que, pour *parler correctement* (ce qui signifie parler sans faire de fautes), on doit apprendre la GRAMMAIRE. Vous parlez assez bien, me semble-t-il ? Cela me prouve que vous connaissez déjà un peu la grammaire, sans le savoir, et que vos parents, en vous reprenant des mauvaises façons de parler, vous l'ont apprise tout doucement, autant que votre jeune âge le permettait. Nous allons maintenant faire plus ample connaissance avec elle, et vous verrez qu'elle vous sera bien utile pour exprimer des choses qui vous paraissent à présent difficiles à dire.

Avant tout, que chacun de vous ait bien soin de ne pas confondre une *grammaire* avec une *grand'mère*. La *gram-*

maire est une science, que votre *grand'mère* peut vous apprendre, il est vrai ; mais le plus souvent, elle se contente de vous récompenser quand vous l'apprenez bien. Voyez-la, cette bonne *grand'mère*, distribuant des cerises à ses petits enfants qui reviennent de l'école, leur *grammaire* sous le bras.

Allons, commençons nos *récréations grammaticales* par quelque chose que vous connaissez déjà; cela nous mettra en haleine. Vous savez tous lire; sans cela, on ne vous aurait pas mis ce petit livre entre les mains. Vous savez donc qu'on écrit les *mots* avec des *lettres*. Mais comment cela se fait-il? Écririez-vous bien tous les mots que vous entendez prononcer? Non, vous seriez souvent dans l'embarras. Causons donc un peu des lettres, et vous verrez, tout en reconnaissant des choses que vous savez déjà, combien ce petit entretien va vous instruire en vous amusant.

Lorsque vous avez commencé à épeler, vous avez remarqué qu'il y avait cinq lettres,

devant lesquelles on a mis les autres lettres de l'alphabet, de cette manière :

ba, be, bi, bo, bu,

la, le, li, lo, lu,

ta, te, ti, to, tu,

et ainsi de suite ; de sorte que, sans cesser d'avoir le même son, elles prennent toutes sortes de caractères différents qu'on appelle *articulations*.

Et ce qu'il y a de plus singulier, c'est que, si vous mettez un *b* tout seul, un *c* tout seul, il devient impossible de les prononcer, et qu'il faut nécessairement y ajouter une des cinq lettres *a, e, i, o, u :* en effet, pour désigner la lettre *b*, vous dites *be*.

Au contraire, les cinq lettres *a, e, i, o, u* peuvent se prononcer toutes seules, et la voix peut s'étendre sur elles. Voyez tous ces gens, l'un qui s'extasie, l'autre qui appelle,

le troisième qui rit, le quatrième qui veut arrêter son cheval, le dernier qui veut le faire avancer : ils n'ont qu'à ouvrir la bouche d'une certaine manière et pousser la voix ; les dents ni la langue n'ont rien à faire : *a, e, i, o, u* sortent tout seuls.

Il faut pourtant bien leur donner un nom particulier à ces cinq heureuses lettres ! On les appelle VOYELLES. Ce nom vient du mot *voix ;* vous comprenez aisément pour quel motif.

Et toutes ces autres lettres, qui ont besoin des voyelles pour produire un son, comment les appellerons-nous ? Des CONSONNES. Ce nom vient de deux mots latins qui signifient *sonner avec*, puisqu'elles ne sonnent qu'avec le secours des voyelles.

Il y a dix-neuf consonnes ; faisons-les défiler devant nous en grand cortège.

Maintenant il vous sera facile de comprendre ce que c'est qu'une SYLLABE. Tout ce qu'on prononce en un seul temps, comme *a, e, i, o, u, ba, be, bi, bo, bu,* etc., s'appelle une *syllabe ;* ce n'est pas plus malin que cela. Ainsi, dans le mot *vertu,* il y a deux syllabes : *ver* et *tu ;* dans le mot *vérité,* il y en a trois : *vé-ri-té.*

Remarquez que, dans la syllabe *ver,* l'*e* reçoit deux articulations, l'une marquée par la consonne *v,* l'autre par la consonne *r.* Remarquez aussi qu'une même articulation peut se trouver avant ou après le son marqué par la voyelle. Par exemple, l'articulation *s* se trouve avant le son *a* dans *sapin,* après dans *asperge.*

DEUXIÈME RÉCRÉATION.

Les voyelles composées, les voyelles nasales, les diphtongues, les emplois de l'Y.

QUOIQUE vous n'ayez point encore appris l'orthographe, vous n'êtes pas sans savoir comment certains mots s'écrivent. Vous avez peut-être déjà
écrit vous-même, par exemple, le nom *Paul*. Vous
avez sans doute écrit aussi le mot *pôle*, car vous savez que
la terre, qui est ronde, a deux *pôles* sur lesquels elle tourne.
Mais ce n'est pas de géographie qu'il s'agit ici : ce que je veux
vous faire remarquer, c'est que ces deux mots *Paul* et *pôle* se
prononcent à peu près de même, et que *au*, dans *Paul*, a le
même son que *o* dans *pôle*. Les deux voyelles *a* et *u*, ainsi
réunies *au*, ne forment donc réellement qu'une seule
voyelle : c'est ce qu'on appelle VOYELLE COMPOSÉE.

Nous voyons de même que *rai*, dans *raisin*, a le même
son que *ré* dans *réveiller*. *Ai* sera donc encore une voyelle
composée.

Vous allez me dire : à quoi bon deux lettres pour exprimer
ce qu'on peut écrire en une seule ? Soit ; mais voici encore
d'autres voyelles composées, que vous connaissez bien aussi,
j'en suis sûr, et qui ne ressemblent à aucune voyelle simple.
Dites-moi, comment écririez-vous les mots *Jeu, Joujou ?*
Ah ah ! Je vous tiens, maintenant ; car ce sont des mots qui
vous plaisent. Allons, arrêtons-nous un peu à ces mots-là, ils
en valent la peine.

Ce n'est ni avec un , ni avec un ,ni avec un

ni avec un ,ni avec un , que vous écririez ces

mots-là. Il faut qu'un *u* vienne s'adjoindre à un *e* pour écrire
Jeu, et à un *o* pour écrire *Joujou ;* c'est ainsi.

Du reste, vous voyez qu'ils s'entendent très bien.

Oui, mais ce n'est pas tout. En voici bien d'autres. Quand
vous dites : *un, on, an, in*, il y a là un *n*; est-ce qu'il s'articule ?
Non, il faut qu'on prononce du nez la voyelle. *Un, on, an, in !*
Voyez quelle grimace on fait quand on veut faire bien sentir
cela.

C'est ce qu'on appelle des VOYELLES NASALES. *Un, on, an, in ;*
exercez-vous bien, mais ne faites pas de grimace.

Voici maintenant des syllabes d'un singulier genre : *lui,
loi, pioche.* J'entends que *ui, oi, io,* se prononcent là en un
seul temps ; et cependant je distingue très bien *u* et *i* dans

ui, *o* et *a* dans *oi* (qu'on prononce *oa*), *i* et *o* dans *io*. Cela doit avoir un nom sans doute? Oui, c'est ce qu'on appelle des DIPHTONGUES, de deux mots grecs signifiant *son double*.

Allons, à nous les diphtongues, les voyelles composées et les voyelles nasales ! Cherchons-en de tous côtés et distinguons-les bien !

Étau, **eau**, marteau, plaisir, plaine, raideur, pleurer, jeune, courir, soumis. — Voyelles composées.

Jardin, raisin, plantain, plein, plan, van, vent, brun, **un**, jeûn, bon, plomb, rond. — Voyelles nasales.

Pied, sentier, étiez, lièvre, roi, loi, diacre. — Diphtongues.

Rien, chien, bien, tien, pion. — Diphtongues avec voyelle nasale.

Et que dites-vous des mots *lien, lion, châtier, étudier?* Prenez garde; il y a ici une attrape.

Y a-t-il diphtongue dans ces mots? Non. *Li-en, li-on*, forment deux syllabes ; *châ-ti-er* en forme trois ; *é-tu-di-er*, quatre.

Eh, quoi donc! J'allais oublier de vous parler de l'*Y* qui constitue une sixième voyelle, ayant bien aussi son utilité.

Voyons, posons-le sur son piédestal, cet *y*.

A quoi sert-il donc? Eh bien, dans certains cas, il rappelle simplement que le mot où il se trouve est tiré du grec, et il se prononce absolument comme *i*, par exemple dans les mots : *physique, style*. Dans certains noms français, comme *Epernay, Commercy*, il a également la valeur d'un *i*. Enfin dans un grand nombre de mots, il se prononce comme s'il y avait deux *i* : *pays, paysan, moyen, envoyer*. Vive l'Y ! On a voulu le supprimer ; mais je ne sais pas trop à quoi servirait de nous priver d'une si jolie lettre !

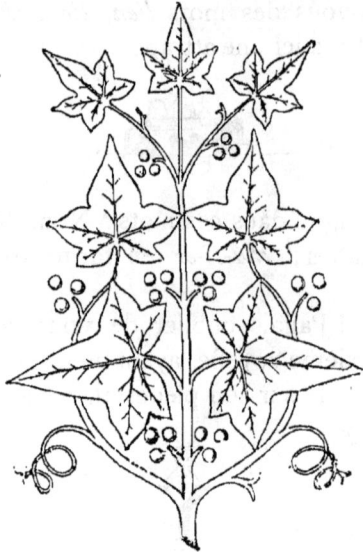

TROISIÈME RÉCRÉATION.

Les trois sortes d'E et les accents. Les voyelles longues et brèves. Le tréma.

EGARDEZ bien ces quatre petits hiéroglyphes. Croiriez-vous qu'ils peuvent fournir le sujet d'une récréation aussi instructive qu'amusante? Comment cela, direz-vous ? Vous allez voir.

Il faut que je commence par vous avouer que je n'ai pas vidé le fond du sac en ce qui concerne la voyelle *e*.

Considérez, par exemple, les mots *table*, *tablier*, *tablette*,

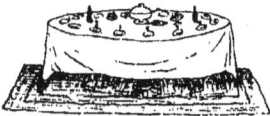

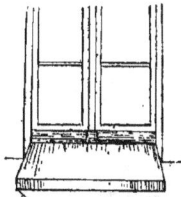

vous trouvez dans tous les trois des *e*; mais se prononcent-ils de la même manière ? Non. L'*e* qui est à la fin du mot *table* n'est presque pas entendu ; c'est un *e muet*. Il en est de même de celui qui termine le mot *tablette*. Mais celui qui est au milieu de ce dernier mot se fait bien entendre, et il vous oblige à ouvrir la bouche ; c'est ce qu'on appelle un *e ouvert*. Prononcez le mot *tablette ;* et vous sentirez parfaitement la différence de l'*e* muet et de l'*e* ouvert. Bien. Considérez le mot *tablier*. L'*e* n'est pas muet, certes ; il n'est pourtant pas ouvert non plus, puisqu'il oblige à fermer la bouche: c'est ce qu'on appelle un *e fermé*.

Allons, qu'on cherche des mots où il y ait des *e* de ces trois sortes !

E muet : *Homme, livre, tenir, dire, tordre, tome...*

E fermé: *Métier, vérité, mériter, hériter, quitter, avancer, pied.*

E ouvert : *Discret, respect, chèvre, succès, accès, salpêtre.*

Mais qu'aperçois-je sur certains *e* fermés et sur certains *e* ouverts ? Voilà nos petits hiéroglyphes qui arrivent.

Je vous dirai tout de suite que cela s'appelle des ACCENTS. Celui que vous voyez sur certains *e* fermés, et qui est incliné en avant, s'appelle *accent aigu ;* celui qui se trouve sur certains *e* ouverts et qui est incliné en arrière, s'appelle *accent grave.* Enfin le troisième que vous rencontrez aussi sur certains *e* ouverts, et qui ressemble à un toit ou à un chapeau, se nomme *accent circonflexe.*

Finissons tout d'abord avec l'accent *aigu*, et sachez qu'il ne se place que sur l'*e*.

L'accent *grave*, lui, se met en outre sur l'*a* et sur l'*u ;*

mais il ne leur donne aucune prononciation particulière. Il n'est pour eux qu'une sorte de parure, de très bon effet, comme vous voyez, et qui sert à distinguer certains mots que, sans cela, on pourrait confondre, tels que *là* adverbe et *la* article, *où* adverbe et *ou* conjonction.

Quant à l'accent *circonflexe*, il peut se mettre sur toutes les voyelles,

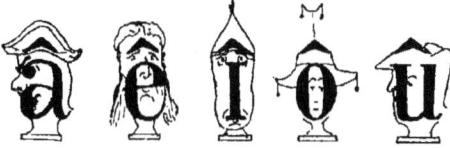

et il les rend longues. Exemples : *Pâte, tempête, épître, nôtre, brûler.*

Je viens de vous parler de voyelles *longues;* vous comprenez tout de suite qu'on appelle ainsi celles sur lesquelles on appuie davantage en les prononçant. On appelle voyelles *brèves*, celles sur lesquelles on appuie peu : *Battre, trompette, marmite, banderolle, butte:* dans ces mots, *a, e, i, o, u* sont brefs.

Parlons maintenant du *tréma*, qui se compose de deux points placés sur une voyelle.

Voici, par exemple, un *i* avec deux points. A quoi sert-il ? Vous allez le comprendre.

Voyez ce vin pétillant qui s'apprête à sortir de sa prison

et qui va répandre à profusion sa mousse étincelante. La pince a brisé le fil de fer, encore un petit coup de pouce, et paf! tenez vos verres prêts! c'est du champagne que l'on nomme *Aï.* Quel gentil petit nom! Deux lettres et deux syllabes! Comment l'écririez-vous, pourtant, ce nom-là, si vous n'aviez pas le tréma à votre disposition? De l'Ai? fi donc! allez-moi le reconnaître, ainsi travesti! Et les mots *héroïsme, héroïque,* figurez-vous ce qu'ils deviendraient si l'on écrivait *héroisme, héroique!* Concluons donc que le tréma est une excellente chose, et qu'il couronne dignement cette récréation. Mais il est temps que nous nous occupions des CONSONNES.

VOUS avez appris, en épelant, comment les consonnes se prononcent. Quand vous voyez, devant un *a* ou devant un *e*, un *b*, un *d*, un *j*, un *r*, vous n'avez pas besoin de demander à un autre ce que cela veut dire. Pourtant, il y a encore quelques petites choses que vous n'avez peut-être pas très bien remarquées, et dont nous allons causer tout à notre aise.

Le *c* a le même son que le *k*. Oui, mais seulement devant les *a*, les *o* et les *u* : *Canard, cascade, casque, colonne, colombe, cuirasse...*

Si un *c* se trouve devant un *e* ou un *i*, voilà-t-il pas qu'il prend la prononciation de l'*s*, par exemple dans le mot *ceci* ? Et après cela, le voilà qui veut aussi se prononcer comme *s* devant *a, o, u*, dans les mots *deçà, maçon, gerçure* et bien d'autres ! Que faire, pour ne pas s'embrouiller dans tous ces caprices-là ? Eh bien, on met sous le *c* un petit signe que

vous remarquez et qu'on appelle *cédille*. Avec cela il est
content.

Il y a encore une consonne qui se permet des caprices du
même genre, c'est le *g*. S'il se trouve devant l'*e* ou l'*i*, il se
prononce comme *j ;* s'il se trouve devant l'*a*, l'*o*, ou l'*u*, il se
prononce à sa manière, que vous connaissez. Les mots *gage,
gigot, ingurgiter*, vous offrent l'exemple de ces deux pronon-
ciations. Oui, mais ce n'est pas tout! Il lui plaît aussi de se
prononcer parfois comme *j* devant *a, o, u ;* par exemple dans
les mots *geai, gageons, gageure*. Que fait-on alors ? Car il ne
lui faut pas de cédille, à ce monsieur-là. Eh bien, on trouve
un *e* muet bien complaisant, qui consent à se placer devant
l'*a*, l'*o*, ou l'*u*, pour annoncer que l'on doit prononcer comme
s'il y avait *jai, gajons, gajeure*.

Croyez-vous que cela lui suffise, à cet exigeant ? Nenni.
Il veut aussi pouvoir se prononcer devant *e* ou *i* comme il
se prononce ordinairement devant *a, o, u*. C'est ce que vous
voyez dans *figue, guérir, guide, anguille*. Comment se tire-
t-on d'embarras alors ? Vous le voyez, on met un *u* devant l'*e*
ou l'*i*. Et il faut convenir que le *g* n'avait pas tout à fait tort
dans son exigeance ; car enfin que deviendrions-nous s'il
fallait prononcer *gérir, angille, gide*, etc ?

La consonne *q* a une autre lubie. Celle-là, il lui faut un *u*
pour valet en toute circonstance.

Pourtant vous remarquez que, dans le mot *piqûre*, comme elle trouve déjà un *u*, elle n'exige pas que l'on écrive *piquure*, ce qui serait un peu trop ridicule, et elle se contente d'un seul *u* coiffé d'un accent circonflexe. Moyennant ces conditions, elle veut bien consentir à prendre partout la prononciation du *k*.

Je me trompe, elle a encore quelques autres caprices. Dans certains mots, tels que *équestre*, *équitation*, elle veut que l'*u* se fasse entendre. Dans d'autres, tels que *équateur*, *équation*, elle prétend qu'il prenne le son de *ou*.

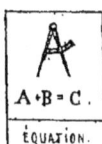

Ah ah! parlons un peu, maintenant, de la consonne *h*. Elle a l'air de ne rien demander, celle-là; mais c'est pour mieux nous attraper. Voyez, par exemple, ces deux mots *habit*, *hareng*. On dit *un habit*, *des habits*, absolument comme s'il n'y avait pas d'*h; un abit*, *des abits*. Essayez un peu de dire *un areng*, *des arengs*, pour voir comme tout le monde se mettra à rire; et vous le premier! D'un côté *h* veut être prononcée; de l'autre elle ne le veut pas; voilà une singulière consonne, qui ne sonne pas dans certains cas, et qui veut se trouver là comme une muette! Il faudra pourtant bien que nous nous soumettions à ce caprice-là, car il nous en cuirait de dire, *des-z-haricots*, *des-z-hollandais*, *de l'houblon*... Nos propres oreilles nous gronderaient. Exerçons-nous donc à bien distinguer l'*h* muette de l'*h* aspirée.

Voyez-vous cette lettre *h*, qui vous jette d'un côté des mots aspirés; de l'autre, des mots qui ne le sont pas? Eh bien, elle vous tend encore une attrape.

Voyez, à ses pieds, les mots *héros, héroïne, héroïsme*, tous formés d'un même mot. Vous allez croire peut-être que l'*h* étant aspirée dans l'un, elle l'est aussi dans les autres. Eh bien, essayez donc de dire *les-z-héros, la héroïne*, ou *le héroïsme*, et vous verrez encore comme on pouffera de rire! Vous riez déjà.

HÉROS, HÉROÏNE, HÉROÏSME.

N'oubliez donc jamais, quand vous voyez une *h*, de vous demander à quelle espèce vous avez affaire, si elle est *muette* ou *aspirée*.

OUS allons voir que les consonnes ne se contentent pas d'avoir des caprices à elles toutes seules. Il leur faut encore associer ces caprices entre eux. Voilà un *c* et un *h* réunis ; qui est-ce qui se figurerait que cela ne fait qu'une seule consonne, une seule articulation : *ch ?* Et il faut convenir  qu'elle a son utilité, cette CONSONNE COMPOSÉE ; car enfin, sans elle, comment pourrions-nous écrire les mots *changer, chose, chirurgien, chou,* et tant d'autres ?

CHOU   CHAPEAU   CHINOIS   CHALOUPE.   CHAMEAU

Mais pensez-vous qu'il n'ait pas encore ses caprices parti- culiers, ce *ch ?* Oh que si ! Croiriez-vous, par exemple, qu'on le prononce comme *k* dans *archéologie* et dans *archiépiscopal,* tandis qu'il a sa prononciation ordinaire dans *archevêque* et *architecte ?* C'est encore un original, comme vous voyez. Soit ; nous ne le marchanderons pas, puisqu'il nous est assez utile.

Vous pourriez croire que *ph, th* et *rh* vont nous donner autant d'embarras que *ch* ; rassurez-vous : *ph* se prononce tout simplement comme *f,* et *th* et *rh* comme *t* et *r.* A quoi servent-ils donc ? direz-vous. Je vous répondrai qu'ils rappel- lent que les mots, où ils se trouvent, viennent de la langue grecque ou d'une autre langue étrangère. Allons, exerçons-

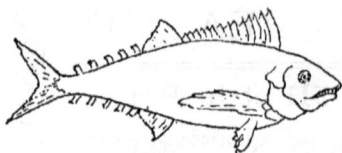

nous un peu à trouver des mots où l'on emploie le *ph*, le *rh* et le *th*.

Nous voilà pourtant au bout des caprices des consonnes ; et il nous reste encore du

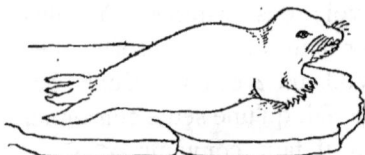

LE THON.

LE PHOQUE.

LE RHINOCÉROS.

temps. De quoi allons-nous donc parler pour achever notre récréation ? Du trait d'union et de l'apostrophe ; car, bien que ce ne soient pas des lettres, nous pourrions parfois être embarrassés si nous ne connaissions pas ces deux personnages-là, qui se fourrent partout où il y a des lettres.

Quand je dis un pince-nez, le mot *pince-nez* qui ne désigne qu'un seul objet, est formé de deux mots : *pince* et *nez*. Pour faire voir que ces deux mots n'en forment qu'un, on les réunit par un trait que l'on appelle *trait d'union*. Çà, cherchons des mots à trait d'union ; nous en trouverons sans peine. *Tire-bouchon, tourne-vis, chien-loup, rond-point, rouge-gorge,* etc.

Venons maintenant à l'*apostrophe*. Vous allez tout de suite en comprendre l'utilité.

Vous savez bien qu'on ne dit jamais *le homme, la impatience, le imprimeur, la étrenne*, mais bien *l'homme, l'impatience, l'imprimeur, l'étrenne*. Pourquoi ? pour éviter un effet désagréable à l'oreille. Mais puisqu'on supprime ainsi sans cérémonie un *a* ou un *e*, il faut bien au moins marquer leur place par quelque chose. Ce quelque chose est *l'apostrophe*. Voyez quelle bonne figure fait l'apostrophe vis-à-vis des lettres qui ont le privilège de pouvoir s'en décorer.

VOILA que vous comprenez bien comment les mots se forment avec les lettres, et quel rôle les différentes lettres jouent dans les mots. Que de milliers de mots on fait avec ces lettres qui sont si peu nombreuses ! C'est réellement une chose admirable. Et ce qu'il y a de plus étonnant encore, c'est que, quand même vous connaîtriez tous les mots de la langue française, vous ne seriez pas au bout ; loin de là. Les mots de la langue allemande, de la langue anglaise, de la langue italienne, de la langue espagnole, *et cætera, et cætera*, s'écrivent encore avec le même alphabet. Vous voyez si l'on avait raison de tant vous engager à apprendre vos lettres.

Mais, comme vous le comprenez, il faut ensuite apprendre à connaître les mots, et c'est ce que nous allons faire. Comment ne pas se perdre au milieu de la multitude des mots ? Je vais vous en donner le moyen.

D'abord, remarquez une chose. Lorsque vous voulez parler, c'est-à-dire exprimer une pensée, n'est-il pas vrai que vous vous reconnaissez déjà assez bien dans les espèces de mots que vous devez employer ? Si vous voulez parler d'un objet, par exemple, vous n'irez pas prendre un mot qui exprime une action. Ainsi, je suppose que vous vouliez montrer un *chien*, vous pourriez bien par mégarde dire *voilà un chat :* c'est-à-dire prendre le nom d'un objet pour celui d'un autre ; mais vous ne direz jamais voilà *un courir*, ni *un dormir*, ni *un marcher*, ni *un mordre*.

Vous savez donc déjà qu'il y a des espèces différentes de mots. Eh bien, c'est beaucoup que de savoir cela. Continuons de causer sur ce sujet, et vous verrez que vous savez mieux votre grammaire que vous ne le pensez.

Supposez que nous soyons allés nous promener dans la campagne par une matinée de printemps, et que, dans votre joie, vous me fassiez un petit discours : « *Oh ! la belle matinée !* dites-vous. *Le ciel est pur ; le Zéphyr souffle doucement ; les oiseaux remplissent l'air de leurs cris et de leurs chants joyeux ; la verdure renaît partout sur les arbres, et couvre la terre comme un riche tapis, que des fleurs innombrables commencent déjà à émailler......* »

Arrêtez, et considérez ce que vous venez de dire. Combien d'espèces de mots vous avez là employées !

Matinée, ciel, Zéphyr, oiseaux, air, cris, chants, verdure, arbres, terre, tapis, fleurs. — Noms d'objets.

Belle, pur, joyeux, riche, innombrables. — Mots exprimant des qualités.

Est, souffle, remplissent, renaît, couvre, commencent, émailler. — Mots exprimant l'existence ou l'action.

Voilà déjà trois espèces de mots bien faciles à distinguer. Ceux qui désignent des objets s'appellent NOMS ou SUBSTANTIFS. Ceux qui expriment des qualités s'appellent ADJECTIFS. Ceux qui expriment l'existence ou l'action s'appellent VERBES. Eh bien! ce sont là les trois principales espèces de mots.

Cherchons maintenant, toujours dans votre petit discours, les autres espèces.

Je vois, devant les noms des objets, un petit mot : *le, la, les*, qui revient toujours ; évidemment il forme une espèce à part. Comment l'appelle-t-on ? On l'appelle ARTICLE. Et de quatre !

Je vois aussi des mots : *il, elle, je*, qui ne sont pas joints à des noms, mais qui les remplacent. Ce sont des PRO-NOMS. Et de cinq !

Cherchons bien. Les mots *doucement, partout* et *déjà*, qui expriment le lieu où une chose se passe, ou la manière dont elle se fait, sont bien aussi des mots particuliers. Ces mots, et tous ceux qui leur ressemblent, s'appellent des ADVERBES. Vous comprenez qu'ils doivent être nombreux, puisqu'il y a bien des manières de faire une chose, bien des circonstances de lieu, de temps, etc. où elle peut être faite.

Voilà six espèces de mots. Cherchons encore. Je vois là un mot *de*, un mot *à*, un mot *sur*, qui sont bien souvent employés dans la conversation. Ils ne ressemblent à aucun de ceux que nous avons vus plus haut. On les appelle des PRÉPOSITIONS. Il y a encore quelques autres *prépositions* que nous verrons plus tard. Et de sept !

Le mot *et*, que l'on emploie aussi fort souvent, est une CONJONCTION. Il en est de même du mot *comme*. Nous comprendrons mieux ce que c'est que les *conjonctions*, lorsque nous aurons fait plus ample connaissance avec les diverses espèces de mots.

Allons, cherchons encore ! Cherchons, cherchons toujours Oh ! Voilà un mot *oh !* qui pourrait bien être une espèce de mot à part ; car il ne se rattache à rien : c'est comme une espèce de cri. C'est ce qu'on appelle une INTERJECTION. Voilà donc neuf espèces de mots.

Cherchons encore... ou plutôt ne cherchons plus ; car vous feriez un discours long d'une aune, que vous ne sauriez employer d'autres espèces de mots que celles que nous avons

vues. Je me trompe, il y en a encore une qu'on appelle
PARTICIPE, et vous allez tout de suite voir pourquoi.

Si je dis : *Voilà de la viande cuite*, le mot *cuite* exprime
une qualité de la viande. Oui, mais il provient aussi de l'action du verbe *cuire*. Voilà donc un mot qui est à la fois verbe
et adjectif : c'est pourquoi on l'appelle *participe*. C'est pourquoi aussi il y a des personnes qui disent que ce n'est pas une
espèce de mot à part. Accordons-lui cette place ; comme cela
nous en aurons dix, et nous ferons une croix.

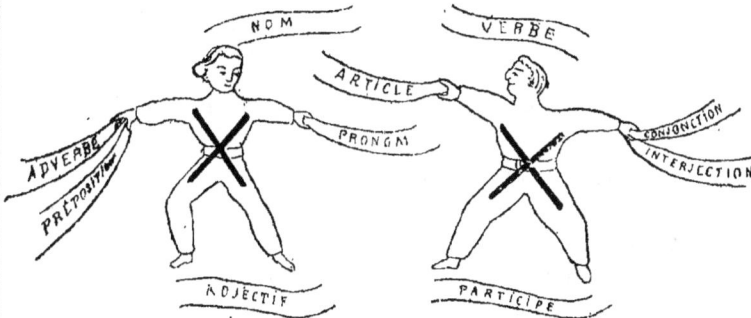

Les dix espèces de mots s'appellent aussi les *dix parties
du discours*. Vous comprenez pourquoi. On appelle *discours*
tout ce que nous disons, aussi bien les petits discours que
les grands.

Maintenant, reposons-nous un peu jusqu'à la prochaine
récréation, où nous commencerons à faire ample connaissance avec les NOMS ou substantifs.

L est bien naturel que nous commencions par le nom ou substantif, puisque c'est lui qui désigne les objets, et que chaque chose, comme chaque personne, a son nom, qui nous intéresse tout d'abord.

Y en a-t-il, de ces personnes et de ces choses! Que de noms à connaître, à retenir! Voilà, certes, de quoi exercer notre attention et notre mémoire. Mais aussi, la distraction ne nous manquera pas; car, en cherchant des noms, on passe en revue tout ce qui existe, et l'on se trouve amené à causer d'une multitude de choses curieuses.

Avant tous les noms, il y a un nom suprême qui se présente mes chers enfants; c'est celui de DIEU, l'Être tout-puissant qui a tout créé, qui a donné la vie à tous les êtres, qui sait tout et qui voit tout.

Si nous considérons les œuvres de Dieu, nous trouvons plus d'êtres que nous n'en saurions jamais nommer.

D'abord le firmament et les astres innombrables qui le remplissent, le *soleil*, la *lune*, les *étoiles* et les *constellations*, *les planètes*, *les comètes* ; la *terre* et tout ce qu'elle contient, *pierres*, *métaux*, *mers*, *fleuves*, *rivières*, *lacs*, *cascades;* l'*air* et ses phénomènes variés, *pluie*, *neige*, *grêle*, *nuages*, *foudre*, *orage*, *vents*, *tempêtes*, *trombes*, *ouragans*, etc.

Puis, tous ces végétaux qui peuplent les forêts, les champs, les jardins, les montagnes, les vallées : le *chêne*, l'*orme*, le *hêtre*, le *peuplier*, le *bouleau*, le *saule*, le *pin*, le *sapin* et autres arbres verts ; la *vigne*, le *poirier*, le *pommier*, le *cerisier*, le *groseillier* et tous nos autres arbres à fruit, dont les noms sourient tant à l'imagination de votre âge ; les légumes de tout genre, *chou*, *navet*, *carotte*, *céléri*, *haricot*, *pois*, *fève*, *lentille* et tant d'autres ; les fleurs cultivées dans nos jardins, *rose*, *lilas*, *lis*, *jacinthe*, *tulipe*, *anémone*, *réséda*, *violette*, *pensée*, etc. ; les plantes aromatiques, tinctoriales, textiles, médicinales, *thym*, *mélisse*, *menthe*, *sauge*, *garance*, *lin*, *chanvre*, *bourrache*, *mauve*, *guimauve*, *camomille*, *chiendent ;* le *blé*, ce bienfait précieux de la Providence. Et si nous étions

parvenus à nommer tous les végétaux de nos climats, que de
variétés nous offrent les végétaux des climats brûlants: *pal-
mier, cèdre, grenadier, oranger, baobab, cocotier, cotonnier,
caféier, cacaoyer*, etc. ! Et que de détails à nommer dans
tous ces végétaux, depuis leur *racine* jusqu'à leurs *fleurs* et
leurs *fruits ?*

Ce n'est pas tout, et le plus intéressant est encore à venir.
Voyez donc tous ces animaux qui courent, qui volent, qui
nagent, qui se battent, qui se mangent, qui crient, qui chan-
tent, qui bourdonnent, et dont le mouvement anime toute la
nature! En voilà, des noms, et des noms dont un bien grand
nombre vous sont déjà connus!

Regardez cette assemblée des quadrupèdes, tenue bouche
béante par les tours de maître *singe*, occupé à taquiner Son
Excellence *l'ours*. Bien entendu, que nous avons eu soin de
placer d'un côté messieurs les carnassiers, *lions, tigres, léo-*

pards, loups, hyènes, chacals et autres aimables personnages
de même sorte qui pourraient bien, à la première fantaisie,
croquer le reste de l'assemblée. Voyez donc comme la timide
nation des *moutons* se tient à portée d'un refuge, et comme
la *chèvre* a grimpé sur le plus extrême sommet de la hau-
teur ! L'*écureuil* est sur son arbre, en observation. Le *lièvre*,
je n'en parle pas, il est toujours prêt à s'encourir. Le *chat* et
le *chien* passent sans trop de défiance d'un camp à l'autre.

Quant à l'*éléphant,* qui ne craint personne, il se tient fort à son aise où il lui plaît, à côté de ses confrères le *rhinocéros* et l'*hippopotame.* Peut-être ont-ils l'intention de faire la police. Le *bœuf* et le *cheval* se tiennent aussi de ce côté-là, mais à respectueuse distance de messieurs les lions et tigres. L'*âne,* le *zèbre,* la *girafe,* l'*antilope,* le *cerf,* restent bravement à leurs côtés.

Vous dire les noms de tous les quadrupèdes en une seule séance, serait-ce possible? Ah non, loin de là! Cherchez-en, cherchez-en, vous n'arriverez jamais au bout. Tenez, pour faciliter votre recherche, je vais vous dire les noms des principales divisions que l'histoire naturelle a établies dans leur multitude. Commençons par les plus utiles, les *ruminants,* ainsi nommés parce qu'ils mâchent deux fois leur nourriture : vous trouvez parmi eux le *bœuf,* le *mouton,* la *chèvre,* le *daim,* le *cerf,* le *chevreuil,* le *chameau.* Parmi les *rongeurs,* vous trouvez le *rat,* le *lièvre,* le *lapin,* l'*écureuil,* le *porc-épic,* le *cochon-d'Inde,* ou *cabiai.* Le *cheval,* l'*âne* et le *zèbre* appartiennent à un ordre qu'on a appelé *solipèdes;* le *cochon,* le *sanglier,* le *rhinocéros,* l'*hippopotame,* l'*éléphant,* sont des *pachydermes,* ainsi nommés à cause de l'épaisseur de leur peau. Les *carnassiers* forment un ordre très nombreux, où l'on trouve le *chien,* le *loup,* l'*ours,* le *chat,* le *lion,* le *tigre,* la *panthère* et tous les animaux féroces, sans compter un grand nombre de petits animaux, tels que la *taupe,* le *hérisson,* la *chauve-souris,* qui se nourrissent d'insectes. Et le singe, dans qu'elle catégorie le place-t-on? Dans les *quadrumanes,* parce qu'au lieu d'avoir quatre pattes il a quatre mains; c'est un voleur bien monté, celui-là. Après lui on peut tirer l'échelle.

Voyons maintenant les oiseaux, et, pour cela, commençons par mettre en cage messeigneurs les *aigles, vautours, milans, éperviers, hiboux* et autres pareils, qui ne manqueraient pas de croquer notre gentil petit peuple. Quel gazouillement, quel mouvement, quelle vivacité, et que de noms à

retenir! Pas plus que pour les quadrupèdes, je ne saurais
vous les citer tous, comme bien vous pensez. Contentons-
nous de vous les faire défiler par divisions principales. Voyez
les *gallinacées : coqs, poules, dindons, faisans, paons, pintades
perdrix, pigeons*, rivalisant tous d'utilité et de beauté ! Voyez

les *passeraux* en multitude innombrable, aussi variés par
leur plumage que par leur chant : *rossignols, fauvettes,
alouettes, hirondelles, moineaux, serins, loriots, mésanges,
grives, merles, colibris, oiseaux-mouches, oiseaux de paradis,
et cætera, et cætera*. Voyez les *échassiers*, perchés sur leurs
longues jambes : *bécasses, bécassines, hérons, cigognes, casoars,
autruches......* L'autruche, voilà un oiseau qui peut compter !
S'il avait des ailes proportionnées à la grosseur de son corps,
ce serait un vrai cheval volant ; mais ses ailes ne lui servent
qu'à courir avec plus de légèreté. Les *perroquets*, à quelle
catégorie appartiennent-ils? Aux *grimpeurs*, ainsi nommés
parce qu'ils grimpent le long du tronc des arbres, où ils

dénichent les insectes à coups de bec. N'oublions pas les *palmipèdes : oies, canards, cygnes, sarcelles, plongeons, pingouins*, etc., qui tirent leur nom de leurs pieds palmés en forme de nageoires. Et les *oiseaux de proie*, que nous avons mis en cage, ne les oublions pas non plus. Ils sont beaux aussi, principalement quand on n'est pas dans leurs griffes. Nous avons cité au commencement de ce paragraphe les noms des principaux.

Voici maintenant des compagnons peu attrayants. N'importe, ils ont un nom auquel ils tiennent, et qu'il est utile de savoir. On les appelle *reptiles*, d'un mot latin qui signifie

ramper. Parmi eux, nous remarquons les *serpents*, les *crocodiles*, les *caméléons*, les *lézards*, les *grenouilles*, les *crapauds*. En voilà assez comme ça, passons à d'autres.

Bon, nous voilà dans l'eau ! Y a-t-il de drôles de particuliers dans ce séjour-là ! Ils sont occupés à se manger les uns les autres ; c'est une occupation peu sociable. Voyons, messieurs les *poissons*, soyez gentils ; cessez un moment de manger, et défilez devant nous.

Voilà le *brochet*, la *carpe*, le *goujon*, la *perche*, l'*able*, l'*anguille*, la *truite*, l'*éperlan*, le *saumon*, l'*esturgeon*...... Ceux-ci nous entraînent dans la mer. Nous y trouvons le *hareng*, la *sardine*, le *maquereau*, le *thon* dont nous avons déjà parlé, le *cabillaud*, la *raie*, et combien de sortes de raies ! Je vois là-bas le *requin*. Je ne me sens pas à mon aise; car c'est un drôle celui-là : ce n'est pas pour rien qu'on l'a appelé le chien de mer ; c'en est un et un terrible ! Changeons de récréation.

Qu'allons-nous voir, maintenant? Ah! les *insectes!* En voilà-t-il encore, des noms, des substantifs! *Papillons, chenilles, mouches, cousins, abeilles, fourmis, grillons, sauterelles, hannetons, scarabées, coccinelles, cétoines......* Y en a-t-il de jolis et de laids, dans ces insectes ! Mais tous sont originaux. Singuliers êtres qui vivent pendant un temps infini à l'état de vers, puis prennent tout à coup des ailes pour briller quelques jours, quelques heures. Quelle leçon donnée à l'ambition de l'homme!

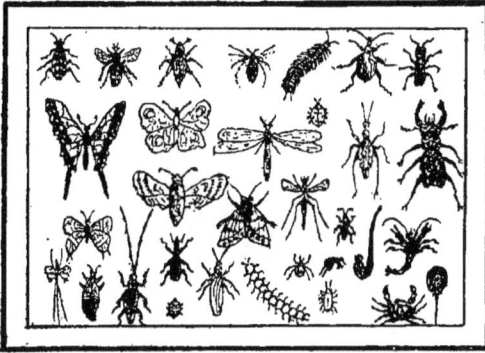

Croiriez-vous que, parmi ces pauvres insectes, il y en a trois que l'on cite comme modèles de l'industrie ? Vous les connaissez déjà : le *ver à soie*, l'*abeille* et la *fourmi*.

Regardons, en passant, quelques gentils personnages, tels que le *crabe*, l'*écrevisse*, l'*araignée*, le *scorpion*, le *cloporte*, *et cætera*, et hâtons-nous d'arriver aux *coquillages*.

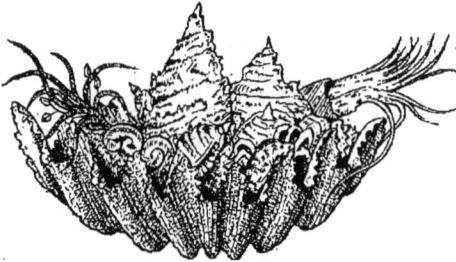

Voilà pourtant de pauvres petites bêtes qui ont des logements plus beaux que ceux des princes, logements de nacre et d'émail, parés des nuances les plus vives et les plus délicates. Leurs noms ne sont pas tous très faciles à retenir. Ceux que vous connaissez le mieux sont précisément les moins beaux : les *moules* et les *huîtres ;* mais ils ont un autre mérite, que vous appréciez. Vous connaissez aussi l'*escargot*, qu'on trouve partout, et dont la maison sert à vos jeux.

Tous ces animaux-là s'appellent des *mollusques*, à cause de la mollesse de leur corps. Il y en a qui n'ont pas de coquille. Vous avez souvent rencontré les *limaces* qui sont dans ce cas.

Nous voilà arrivés à des animaux qui ne disent pas grand chose. Ceux par lesquels nous finirons cette récréation en disent encore moins. C'est tout au plus si on les distingue des plantes. On les appelle *zoophytes*, ce qui veut dire, en grec, *animaux plantes*. Croiriez-vous que les *éponges* sont des animaux de ce genre? Le *corail*, qui ressemble à une branche garnie de fleurs, en est aussi. Les *oursins* et les *astéries* ou *étoiles de mer* rentrent également dans la même catégorie.

Maintenant reposons-nous; nous l'avons bien gagné.

HUITIÈME RÉCRÉATION.

Les noms de l'homme.

E nom de l'*homme*, mes chers enfants, s'élève au-dessus de ceux de tous les êtres de la création ; et en effet, Dieu ne l'a-t-il pas créé à son image et à sa ressemblance ? Seule la créature humaine a une *intelligence*, une *volonté*, une *conscience ;* seule elle a une *famille*, qui rentre dans la grande famille céleste dont Dieu même veut être le Père ; seule elle est appelée à une autre vie après la vie terrestre.

Aussi, que de noms nous trouvons lorsque nous pensons à ce qui concerne l'homme, sa famille, ses ouvrages et ses différentes positions dans la société ! Vous connaissez les noms des différentes parties du corps humain ; vous connaissez aussi ceux des différentes facultés de l'intelligence, l'*attention*, l'*imagination*, la *mémoire ;* ceux des sentiments du cœur, la *sensibilité*, la *constance*, le *courage*, l'*enthousiasme*, la *fermeté*, la *résolution ;* ceux des vertus, la *foi*, l'*espérance*, la *charité*. Exercez-vous bien à chercher tous ces noms et tous ceux qui y ont rapport : ce sera un exercice utile pour développer aussi votre pensée.

Considérez la créature humaine dans la famille : que de noms elle y prend ! *Père, mère, enfant, fils, fille, aïeul, aïeule, oncle, tante, neveu, nièce, cousin, cousine, petit-fils, petite-fille*, etc. !

Considérez-la dans les emplois de la maison : vous trouvez
les noms de *maître* et de *maîtresse*, de *serviteur* et de *ser-
vante*, d'*hôte* et d'*hôtesse*, de *précepteur*, d'*élève*, de *disciple*,
de *tuteur*, de *pupille*, etc.

Et dans les professions, que de noms elle reçoit, cette
personne humaine ! Prenez les professions dites *laborieuses*,
vous trouvez le *laboureur*, le *pêcheur*, le *chasseur*, le *mineur*,
le *carrier*, le *terrassier*, le *potier*, le *briquetier*, le *maçon*, le
charpentier, le *menuisier*, l'*ébéniste*, le *forgeron* de toutes les
espèces, le *fondeur*, le *fileur*, le *tisserand*, le *tailleur*, la *cou-
turière*, le *teinturier*, le *peintre*, le *vitrier* et une multitude

d'autres, dont les noms peuvent exercer agréablement votre esprit pendant des séances entières.

Voulez-vous prendre les professions qu'on appelle *studieuses ?* Elles ne sont pas si nombreuses, il est vrai; mais combien elles sont intéressantes! Voyez ces artistes, *peintre, sculpteur, architecte, musicien,* qui font parler à votre imagination la *pierre,* le *marbre,* les *couleurs,* les *sons.* Voyez cet *écrivain,* dont le récit vous charme et vous instruit en même temps ; ce *médecin,* qui s'efforce de guérir les maladies du corps; ce *prêtre,* qui a pour mission de prévenir ou de guérir les maladies de l'âme; ce *naturaliste* qui recherche les propriétés des remèdes; ce *savant,* qui étudie les lois des sciences; ce *professeur* et cet *instituteur,* qui emploient tous leurs soins à faire profiter les sciences à votre instruction. N'oubliez pas ce *jurisconsulte,* dont les conseils vous seront peut-être nécessaires un jour, pour vous éclairer sur le sens des lois et vous tirer parfois d'une situation embarrassante. Voyez enfin cet *avocat* plaidant chaleureusement devant les juges la cause de la veuve et de l'orphelin.

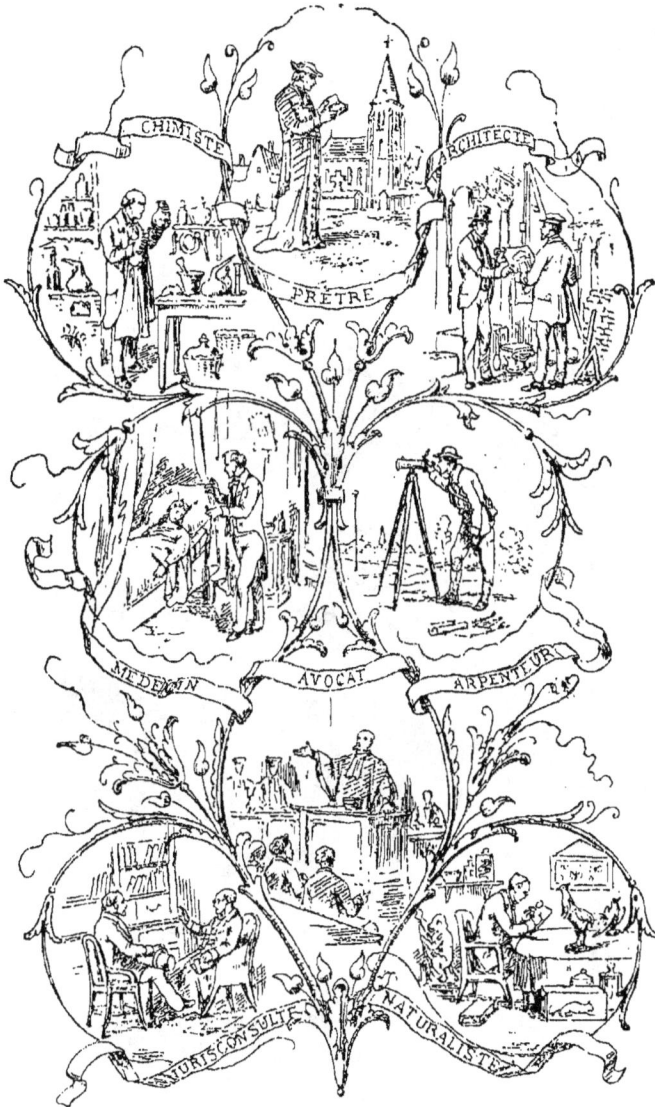

Et la profession du *soldat*, qu'en dites-vous? Ne vous présente-t-elle pas bien des noms intéressants à retenir? C'est là, chers enfants, une profession dans laquelle nous sommes tous engagés plus ou moins; car chacun de nous n'est-il pas obligé, lorsqu'il le faut, à défendre la patrie, l'ordre social, à protéger et à secourir le faible? Voyez que d'occasions on trouve à employer le *courage*, l'*adresse*, le *sang-froid* et l'*héroïsme*.

Tout ce que vous voyez là a un nom. Cherchez ces noms; cela vous instruira aussi sur les choses qu'ils représentent.

Le courage des défenseurs de la société s'exercerait en pure perte, si elle n'avait des *magistrats* pour la gouverner. *Juges, ministres, fonctionnaires* de tout genre, et tout ce qui a rapport au gouvernement et à l'administration, que de noms vous trouvez là à glaner !

Au sommet du gouvernement, nous trouvons le *roi*, le *trône*, le *drapeau* national, qui rallie toute la nation. Quelle puissance, mes enfants, dans un simple appel à l'honneur du drapeau! Cela suffit quelquefois pour tout rétablir quand on ne sait plus comment gouverner. Une multitude de nobles noms jaillissent de cette pensée comme d'une source pure.

Quelle grandeur, n'est-ce pas, mes enfants! Eh bien, toute cette grandeur repose sur la modestie, et sur l'humilité que la religion seule peut donner. Comment dévouerait-on sa vie pour sa patrie, pour son prince, pour tous ses semblables, si l'on n'était assuré d'une autre vie où tous les dévouements et toutes les vertus recevront leur récompense? C'est dans le temple du Seigneur, où se réunissent toutes les conditions humaines pour prier; c'est dans les asiles de la souffrance, où elles se réunissent pour exercer la charité; c'est enfin partout où l'homme prie et se souvient de Dieu, que les vertus naissent et se fortifient. Une multitude de noms doux et sacrés, dans cet ordre supérieur d'idées, viennent relever l'âme humaine et consoler sa tristesse.

AURIEZ-VOUS cru, mes enfants, que, seulement avec les noms différents que peut prendre l'homme, nous aurions fait une récréation tout entière? Elle a été un peu sérieuse, cette récréation-là. Nous allons en avoir une qui vous reposera entièrement l'esprit, en vous faisant passer une multitude d'objets en revue.

« Mais, » direz-vous, — car vous êtes déjà studieux, — « avec tout cela nous n'apprenons plus la grammaire, dont « on nous avait parlé d'abord. » — Soyez sûrs que vous l'apprenez, et vous serez tout étonnés bientôt du chemin que vous aurez fait. Voyez donc le sujet que nous avons choisi, les noms des *ouvrages* de l'homme.

Par où commencer? Par les ouvrages les plus fondamentaux et les plus nécessaires.

Voyez ce terrain inculte. L'homme le défriche, c'est-à-dire qu'il en fait un *champ*. Le laboureur y trace des *sillons* avec

la *charrue;* il égalise la terre avec la *herse*, puis avec le *rou-*

leau; il arrache les mauvaises herbes avec le *sarcloir.* Près de sa maison, il fait un *jardin,* dont il remue la terre avec la *bêche,* le premier instrument de l'agriculture. Derrière le jardin il fait un *verger.*

Cette *maison* est aussi un travail de l'homme. Et que de parties elle renferme ! Elle a des *murailles,* des *fondations,* un *toit,* des *portes,* des *fenêtres,* des *caves.* Le logement des chevaux s'appelle *écurie;* celui des bestiaux, *étable;* ceux des volatiles, *poulailler* ou *pigeonnier;* le lieu où l'on enferme la *moisson* s'appelle *grange;* et chacune de ces parties de l'habitation est elle-même composée de parties, qui ont des noms. Les débris corrompus et les immondices, employés à féconder la terre, prennent les noms de *fumier* et d'*engrais;* le laboureur les dépose dans sa *basse-cour,* où les volatiles qu'il élève cherchent encore tout ce qui est susceptible de les nourrir, et donnent la chasse aux vers et aux insectes.

Voici un sol aride, où végètent à grand' peine une herbe maigre et quelques plantes rabougries. A l'aide de la *pioche,* l'homme creuse ce terrain ingrat et arrive à des richesses nouvelles. La fosse qu'il creuse devient une *mine* ou une *carrière.* Il creuse un *puits* pour avoir de l'eau, et il trouve le *marbre,* la *houille,* le *minerai* d'un métal.

Les travaux par lesquels l'homme cultive la terre et en extrait les substances minérales, sont le fondement de tous les autres travaux. Nous ne saurions, en une seule séance, énumérer leurs œuvres si variées.

Prenons seulement les principales substances que donne l'exploitation de la terre, et voyons ce qu'elles deviennent : nous trouverons une multitude d'objets et de noms, et la facilité d'en trouver bien plus encore.

Ce *blé*, réduit en poudre, devient *farine*, puis *pâte* et *pain*. Fermenté, il donne la *bière* et l'*alcool*. Sa tige desséchée devient *paille*. L'herbe desséchée devient *foin*.

Ces pierres, réduites en fragments, deviennent des *moellons*, des *pavés*, des *dalles*. Taillées et ajustées artistement, elles deviennent des *colonnes*, des *pilastres*, des *corniches*, des *socles*, des *tablettes*, des *plinthes*, des *balustres*, des *vasques*, etc.

Ces terres pétries et cuites, deviennent des *briques*, des *tuiles*, des *carreaux*, des *poteries*, de la *faïence*, de la *porcelaine*, des *pipes*.

Ces métaux!.... oh, sur ce sujet-là, il y aurait trop à dire.

Attendons que nous ayons passé quelques autres ouvrages en revue, car les métaux servent pour ainsi dire dans tout.

Ces arbres, qui ont vieilli dans la forêt, on en fait des *poutres* et des *planches ;* et ces planches, pourrai-je vous dire tout ce qu'on en fait? *Planchers, toits* à *ardoises, lambris, armoires, tables, secrétaires* et meubles de toute espèce : il y en aurait à citer jusqu'à demain.

Pourrai-je vous dire de combien de manières on dépèce le bois, pour en faire une multitude d'objets différents : *chariots, brouettes, voitures, engins, treillis, manches* d'instruments, etc. ?

Que de choses ne fait-on pas avec la filasse du lin ou du chanvre? *fils, cordes, cables, toiles, dentelles !* Dirons-nous les noms de toutes les étoffes de soie, de laine et de coton : *indiennes, mousselines, jaconas, taffetas, moire, velours, rubans, serge, draps, mérinos,* etc. ?

Parlons maintenant des métaux, et surtout du *fer,* le plus utile de tous. Dans quoi le fer n'entre-t-il pas, sous toutes les formes variées où on l'emploie ? *Fers à cheval, bandages* et *garnitures* de toutes sortes, *ancres, chevilles, clous, vis, crochets, crampons, clefs, serrures* et autres *mécanismes, fil d'archal, poëles, foyers, pincettes, pelles, marteaux...* En voilà, en voilà, et nous sommes bien loin d'être au bout !

Nommerons-nous tous les instruments, outils et armes que l'on fait avec l'*acier,* qui n'est qu'une préparation particulière du fer, *couteaux, ciseaux, scies, rabots, haches, cognées, vrilles, poinçons, alènes, aiguilles, ressorts, sabres, épées ?*

Le *cuivre* rivalise avec le fer pour l'utilité. A l'état de *laiton,* c'est-à-dire allié au *zinc,* il devient la matière des ustensiles de cuisine, *casseroles, poëlons, bouilloires.* On en fait des *chandeliers,* des *lampes,* des *robinets,* et mille autres objets, d'utilité ou d'ornement, dont vous pouvez aisément trouver les noms dans votre mémoire. N'oubliez pas les instruments de musique, *trompettes, trombonnes, cors, timballes, tambours*, etc.

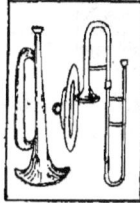

L'*étain* vient en aide au fer et au cuivre, en les *étamant*, c'est-à-dire en le recouvrant d'une couche mince de sa substance. Le fer étamé s'appelle *fer-blanc*. Cherchez les noms de tous les objets que l'on fait avec cette utile composition : vous en aurez pour longtemps. Quelle jolie industrie que celle du ferblantier, et combien elle rend de services!

Le *bronze* est un alliage d'étain et de cuivre. Il sert à faire les *canons*, les *cloches*, la petite monnaie appelée *monnaie de billon*.

L'*or* et l'*argent*, vous savez à quoi ils servent. Sans eux, il serait bien difficile de faire le commerce, puisqu'ils forment la matière de la *monnaie*. Ils servent aussi, comme vous le savez, à faire un grand nombre d'objets plus ou moins utiles, dont je vous laisserai le soin de chercher les noms.

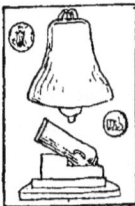

Voulons-nous encore chercher des noms d'une autre manière? Prenons un grand travail de l'homme, auquel beaucoup de travaux concourent, un *navire*, par exemple. Que de choses nous voyons dans ce navire! La *coque*, la *quille*, la *cale*, les *écoutilles*, le *tillac*, la *dunette*, la *cabine*, les *mats*, les *vergues*, les *cordages*, le *gouvernail*, les *sabords*, les *cabestans*, les *poulies*, les *chaloupes*, *canots*, etc., etc.

Voulez-vous considérer un grand édifice? Vous y trouverez *péristyle*, *perron*, *vestibule*, *vestiaire*, *escaliers*, *chambres*, *antichambres*, *corridors*, *couloirs*, *galeries*, *salles*, *salons*, *balcons*, *plafonds*, *voûtes*, *boiseries*, *tapis*, *tapisseries*, *lustres*, *candélabres*, et une multitude d'autres détails ayant des noms qu'il est bon de connaître.

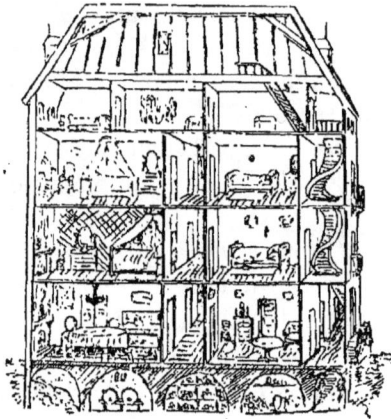

Voulez-vous encore vous exercer dans un autre genre? Considérez un commerce qui s'occupe de beaucoup d'articles, celui de *quincaillerie*, par exemple. Nous avons bien choisi, je pense? Quelle multitude d'objets! Y en a-t-il, y en a-t-il! *Peignes*, *brosses*, *tire-bouchons*, *cure-dents*, *cure-oreilles*, *tabatières*, etc., etc. Entrez dans une boutique de *mercerie*, vous n'en trouverez pas moins. Là ce seront les *boutons*, *cordons*, *bobines* et autres petits riens bien utiles, qui vous exerceront l'esprit. Revenez souvent à cet exercice, qui vous instruira toujours autant qu'il vous amusera : mais, pour le moment, nous devons le cesser ; car nous avons autre chose à faire.

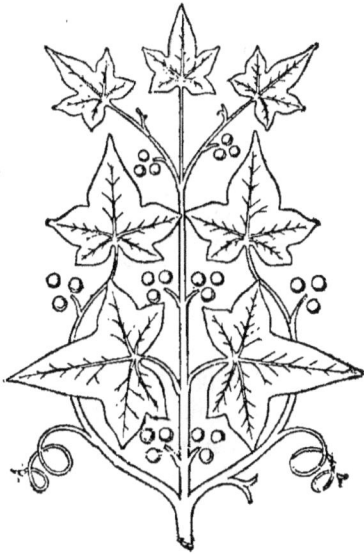

DIXIÈME RÉCRÉATION.

Les noms communs, les noms propres et les noms collectifs. Le genre masculin et le genre féminin.

NOUS avons passé bien des noms en revue; et cependant, chacun de ces noms s'applique à une multitude d'objets : ainsi, le nom *chien* est commun à tous les chiens; le nom *moulin*, à tous les moulins; le nom *bouteille*, à toutes les bouteilles. C'est ce qu'on appelle *nom commun*.

Le nom *homme* est commun à tous les hommes; le nom *femme*, commun à toutes les femmes ; le nom *enfant*, commun à tous les enfants. Mais si j'appelle quelqu'un par le nom particulier qui lui est propre et qui le distingue des autres; si je vous appelle, par exemple, *Charles* ou *Louis*, ces noms, Charles et Louis, ne sont plus des noms communs, mais des *noms propres*. Vous comprenez la raison de cette distinction.

Parmi les noms communs, on appelle *noms collectifs* ceux qui désignent à la fois un certain nombre d'objets, comme les noms *foule, troupe, multitude*.

Voyons maintenant ce que c'est que le *genre masculin* et le *genre feminin*.

Depuis que vous apprenez à parler, il y a une chose dont vous avez toujours pris soin : c'est de savoir, pour le nom de chaque chose, s'il faut dire *le* ou *la*. Ainsi on dit LE *lit* et LA *table*. Si vous entendiez quelqu'un dire : *la soleil, le lune*, vous trouveriez bien vite que c'est une faute et qu'on doit dire LE *soleil*, LA *lune*.

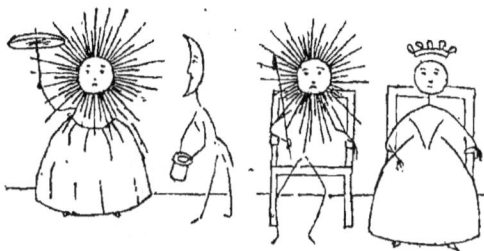

Cela prouve bien, encore une fois, que vous saviez déjà quelque chose de la grammaire avant d'ouvrir ce livre, et qu'on apprend la grammaire en apprenant à bien parler. Vous faites déjà la différence entre le *genre masculin* et le genre *féminin*.

Mais comment être sûr de son affaire avec tous les mots nouveaux qu'on apprend ? Voilà le hic ! Causons donc de ce sujet-là.

Toutes les fois que vous rencontrerez un nom d'homme, vous pouvez être sûr qu'il est du masculin ; au contraire, tous les noms de femme sont féminins. C'est une règle qui n'a pas d'exception. Ainsi, l'on dit : UN *soldat*, UN *officier*, UN *commerçant*, UN *domestique*.

Mais on dit : UNE *marchande*, UNE *cantinière*, UNE *laitière*.

Vous auriez bien deviné cela sans qu'on vous l'eût dit.

Vous remarquerez aussi que, pour certains animaux qui nous sont familiers, et dont le mâle et la femelle ont un nom différent, comme *le bœuf* et *la vache*, *le mouton* et *la brebis*, *le cerf* et *la biche*, *le cheval* et *la jument*, *l'âne* et *l'ânesse*, le nom du mâle est masculin et celui de la femelle féminin.

Mais ceci n'existe que pour un petit nombre d'animaux. Ainsi, *l'éléphant*, mâle ou femelle, s'appelle toujours *l'éléphant*, au masculin ; *l'hirondelle* est toujours *l'hirondelle*, au féminin. *L'hippopotame*....

Devinez ! Est-ce *le* ou *la* ? Vous voilà embarrassés .... c'est *le*. Et je vous avoue, mes bons amis, qu'il n'y a pas de règle pour apprendre cela ; on l'apprend par l'usage.

Vous voyez que j'avais raison de dire qu'on apprend la grammaire ailleurs qu'à l'école et dans un livre.

Et pour les objets inanimés, donc ? En voici du masculin, en voilà du féminin. Pourquoi ? On serait fort embarrassé de le dire. Exerçons-nous donc bien là-dessus, afin de contracter de bonnes habitudes, et de ne jamais être attrapés.

Voyons ! Cherchons des noms masculins de pierres : Le *grès*, le *silex*, le *diamant*, le *rubis*, le *saphir*. — Des noms féminins : L'*ardoise*, la *malachite*, l'*émeraude*, la *topaze*, l'*améthyste*.

Des noms masculins de plantes : Le *liseron*, le *pissenlit*, le *blé*, le *salsifis*, le *sarrazin*, le *houblon*. — Des noms féminins : La *chicorée*, la *scabieuse*, l'*avoine*, l'*oseille*, l'*ortie*.

Des noms masculins d'animaux : Le *renard*, le *rat*, le

kanguroo, le *marsouin*, le *cloporte*, le *crabe*, le *hanneton*, le *grillon*. — Des noms féminins : La *panthère*, la *taupe*, la *sarigue*, la *baleine*, la *sangsue*, l'*écrevisse*, la *coccinelle*, la *sauterelle*.

Des noms masculins d'ouvrages de l'homme : Le *navire*, le *pont*, le *meuble*, le *sac*, le *chariot*, le *fusil*, le *marteau*, l'*habit*, le *télescope*, le *réservoir*. — Des noms féminins : La *barque*, la *rue*, l'*armoire*, la *besace*, la *brouette*, la *carabine*, la *pince*, la *toque*, la *lunette*, la *citerne*.

VOICI quelque chose d'assez curieux, et qui va nous récréer un instant. Les substantifs ont aussi leurs caprices comme les consonnes.

Ainsi, par exemple, vous connaissez ces *orgues* que l'on joue dans les rues au moyen d'une manivelle. Quand vous en voyez un qui est bon, par hasard, vous dites : *Voilà un bon orgue.* C'est donc un nom masculin. Si vous en voyez deux ou dix, vous dites : Voilà deux ou dix bons orgues. C'est toujours du masculin, pourquoi pas ?

Pourquoi pas ? Vous allez voir autre chose ! Il y a aussi des orgues dans les églises: mais on ne les joue pas avec une manivelle; il leur faut un bel et bon artiste, et c'est aussi plus imposant. Il n'y a donc rien d'étonnant à ce que souvent, lorsqu'on parle de l'orgue d'une église, on l'appelle les *orgues*. Mais ce qui est singulier, c'est que si l'on veut dire que l'instrument est bon, on dit : *Voilà de bonnes orgues ;* tandis que, si on omet tout qualificatif, on dira simplement: *Voilà un orgue.*

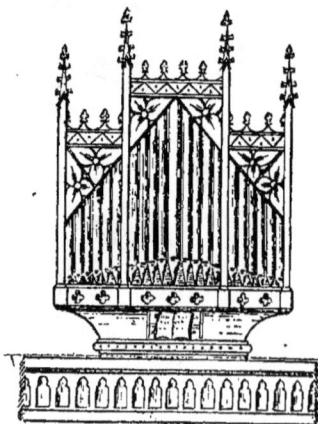

Vous connaissez l'*aigle*, ce magnifique et redoutable oiseau de proie, qui fait son nid, appelé *aire*, dans les hautes montagnes. On dit : *Un aigle ;* ce nom est donc du masculin. Or, cet animal, de même que le lion, convient merveilleusement pour représenter la force et la puissance ; aussi a-t-on placé son image sur des drapeaux, que l'on a appelés des *aigles*. Eh bien, ces aigles-là sont du genre féminin ; on dit : *L'aigle romaine, l'aigle impériale.*

Je viens de vous dire que le nid de l'aigle s'appelle *aire ;* ce nom est masculin. On appelle également *aire* le pavé d'une grange, sur lequel on bat le grain ; le nom *aire* est alors féminin.

L'hymne est un chant imposant et majestueux. Si ce nom désigne un chant d'église, il est du féminin : *On a chanté de belles hymnes à la cathédrale.* S'il s'agit d'autres chants, hymne sera du masculin : *L'armée entonna un hymne guerrier.*

Voyez le mot *manche.* Vous direz : *Le manche d'un couteau, un manche à balai ;* mais vous ne direz pas : *Le manche de mon habit.* Il est vrai que la manche d'un habit ne ressemble ni à un manche à balai ni au manche d'un couteau, non plus que de tout autre instrument ; j'en conviens.

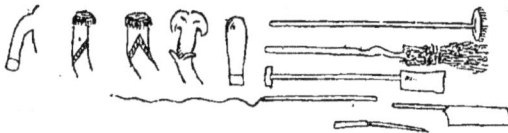

Il y a encore bien des mots qui, comme le mot *manche,* signifient des choses différentes, et sont de genre différent suivant leur signification. Nous n'en finirions pas si nous devions parler de chacun d'eux. Maintenant que vous êtes avertis, vous les remarquerez plus d'une fois, en parlant et en lisant, à mesure que vous deviendrez plus avancés.

Le singulier et le pluriel.

E *singulier* et le *pluriel*! Voilà bien deux termes de grammaire! Ont-ils donné du fil à retordre aux écoliers, ces deux compères-là! En attendant qu'ils nous en donnent, saluons-les bien civilement et faisons connaissance avec eux. Peut-être finiront-ils par s'adoucir et par nous traiter en vieux amis.

Voyons, figurez-vous que vous comptez les arbres d'une

allée, et que j'écrive à mesure que vous compterez. Vous direz, et j'écrirai: *Un arbre, deux arbres, trois arbres, quatre arbres*, et ainsi de suite jusqu'à la fin ; je suppose qu'il y ait *cent arbres.*

Remarquez maintenant comment j'ai écrit le mot *arbre.* Lorsqu'il n'y en avait qu'un, j'ai écrit *arbre ;* lorsqu'il y en avait deux ou plus, j'ai écrit *arbres*, avec un s à la fin. C'est que, lorsque le nom ne désigne qu'un objet, il est au *singulier*, tandis qu'il est au *pluriel* quand on en désigne plus d'un, et que le pluriel s'indique par un s placé à la fin du mot.

La même chose a lieu pour les autres substantifs. Si vous comptez les fleurs d'un parterre, vous écrirez *une fleur, deux fleurs.* Vous écrirez de même *une pierre, deux pierres ; un chien, deux chiens ; un poisson, deux poissons :* et ainsi pour tous les noms.

C'est-à-dire, pour tous ; je me trompe et vous allez voir en quoi. Je suppose que vous preniez une cosse de pois et que vous vouliez compter combien elle contient de ces graines, que diriez-vous si j'écrivais: *Un pois, deux poiss, trois poiss,* et ainsi de suite ?

Vous diriez que, puisqu'il y a déjà un *s* à la fin du mot *pois*, ce serait assez étrange d'en ajouter un second. Et en effet, tous les noms qui se terminent en *s* s'écrivent au pluriel comme au singulier: *Une fois, deux fois ; un tas, deux tas ; un enclos, deux enclos.*

Supposez maintenant que vous mettiez le nez à la fenêtre; je vois paraître *un nez.* Votre voisin vous imite, j'en vois deux. Un troisième en fait autant, en voilà trois.

Comment écrirez-vous le mot nez dans ces deux derniers cas? Mettrez-vous: *trois nezs?* Vous vous en garderez bien! Vous mettrez *trois nez.* D'où vient cela? De ce que le *z* est une espèce d'*s*. En effet, lorsqu'on écrit *maison*, on prononce comme s'il y avait *maizon.*

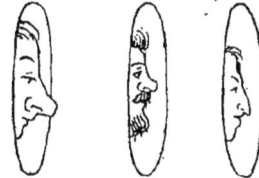

Enfin, si vous avez fait quelque part de petites marques au moyen d'une croix, et que vous vouliez les compter,

vous direz *une croix, deux croix, trois croix, quatre croix;* et ainsi de suite.

Remarquez que je ne mets pas non plus d'*s* au pluriel du mot *croix.* C'est que l'*x* contient en lui-même un *s.* Voyez le mot *fixe*, par exemple : il se prononce comme s'il y avait *ficse.*

Mais en voilà assez pour cette séance. Nous avons encore d'autres caprices de Monsieur Pluriel à voir; si nous en prenions trop en une fois, cela pourrait nous fatiguer et digérer mal.

TREIZIÈME RÉCRÉATION.

Suite des caprices de M. Pluriel. Les noms en AL et en AIL; en AU, en EU et en OU.

SI je vous disais: *J'ai vu une voiture attelée de deux chevals*, vous feriez la grimace, n'est-ce pas, mes bons amis? Et, cependant, ce serait ajouter, ainsi que le dit la règle, un *s* au mot *cheval*, comme on le fait au mot *âne* et au mot *bœuf*. Oui, me répondrez-vous, mais on dit *deux chevaux*. Vous avez raison, et c'est pourquoi nous dirons que le mot *cheval* fait exception à la règle générale du pluriel.

Vous seriez également choqués si je disais: *Les hôpitals, les caporals, les animals*, et vous me crieriez tout de suite : *les hôpitaux, les caporaux, les animaux !* Vous voyez bien encore que vous avez déjà appris la grammaire, sans vous en douter! Sinon, comment sauriez-vous tout cela?

Eh bien, je parie que je vous attraperai un tout petit peu! Savez-vous ce que c'est qu'un *chacal ?* C'est un animal peu aimable de sa nature, et qui ressemble pourtant à un chien, quoiqu'ils ne s'entendent nullement. Direz-vous au pluriel *des chacaux*, comme on dit *des chevaux?* Eh bien?... Allons, je veux vous tirer d'embarras tout de suite: on dit et on écrit des *chacals*. Mais rassurez-vous; il n'y a pas beaucoup de noms de cette espèce-là, et vous pouvez dire que presque tous les noms en *al* font leur pluriel en *aux*.

Les noms en *ail* ont un caprice du même genre. Comment direz-vous le pluriel du mot *soupirail?... Des soupiraux*, répondrez-vous sans hésiter. Et celui du mot *détail*, sera-ce *des détaux?* Ici, vous faites encore la grimace: on dit *des détails*. Ils sont un peu embarrassants, ces mots en *ail;* ce sont *des épouvantaux*, je me trompe, *des épouvantails*.

Néanmoins, ils ne sont pas aussi effrayants qu'ils en ont l'air, parce qu'il n'y en a pas beaucoup; et le plus grand nombre font leur pluriel en *ails*. Vous verrez encore quelques autres particularités relativement à ces messieurs-là, lorsque vous serez plus avancés.

Il paraît que l'*x* a semblé un ornement de bon effet dans

les pluriels en *aux*. Toujours est-il que les noms en *au* et en *eau*, croyant probablement avoir une parenté avec les *chevaux*, les *hôpitaux* et les *animaux*, ne veulent pas se contenter de l's et qu'il leur faut aussi un *x*. Un *marteau* et un *couteau* jetteraient les hauts cris, si, lorsqu'ils sont réunis en troupes, on écrivait *des couteaus, des marteaus.*

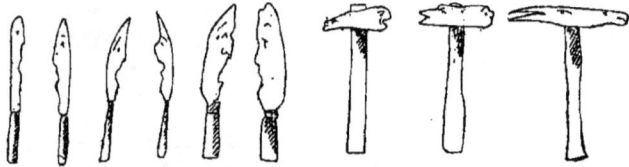

Fi donc! cela serait bien trop mesquin! Des *couteaux*, des *marteaux*, des *manteaux*, des *veaux*, à la bonne heure!

Et voilà les noms en *ou* qui s'en mêlent aussi. Un *chou* voudra qu'on appelle ses confrères réunis des *choux;* un *caillou* voudra qu'on écrive des *cailloux*. Un *hibou*, un *bijou*, un *joujou*, un *genou*, voudront des *hiboux*, des *bijoux*, des *joujoux*, des *genoux*. Il n'y a pas jusqu'à un petit insecte, que je n'ose pas nommer, qui ne veuille décorer son pluriel de cet *x*.

Pourtant, les autres noms en *ou* sont plus raisonnables: les *clous*, les *verrous*, les *trous*, les *filous*, etc., se contentent de l's.

Mais les noms en *eu* n'en veulent pas démordre ; il leur faut, à tous, un *x*. Un *cheveu* ne serait pas content si tous ses confrères d'une même perruque n'étaient des *cheveux*.

Soit, ne leur refusons pas cette petite satisfaction ; et, sur ce, souhaitons poliment le bonjour à messieurs les substantifs, en les remerciant du divertissement qu'ils nous ont donné.

PRÈS nous être tant occupés des substantifs, nous aurions tort d'oublier le petit mot qui les accompagne si fidèlement. *Le, la, les*, voilà un mot qui en dit plus qu'il n'est gros, je vous l'assure! Vous savez déjà qu'on l'appelle ARTICLE.

A quoi sert-il donc, cet article ? Vous allez me répondre tout de suite qu'il vous a déjà beaucoup servi. Chaque fois que vous vous êtes demandé si un substantif était du masculin ou du féminin, vous avez essayé si on pouvait l'employer avec *le* ou avec *la. Soleil* est-il du féminin? Non, puisque, si je disais *la soleil*, ce serait ridicule. *Lune*, est-il du masculin ? Non, puisque je n'ai jamais entendu dire *le lune*, si ce n'est par ceux qui ne connaissent pas la langue française.

Mais il a bien une autre importance encore, l'article ; et c'est pourquoi je vous disais tout à l'heure qu'il en dit plus qu'il n'est gros. Bien qu'il semble n'être que le serviteur du substantif, il est en quelque sorte son introducteur dans le discours, et c'est lui qui le fait reconnaître. Quoi ! il suffit que l'article vienne se poster devant le premier mot venu, pour en faire un substantif. Par exemple, les mots *pourquoi, comment, si, car, qui, que, boire, manger*, ne sont certainement pas des substantifs : eh bien, si cela peut vous plaire, l'article introduira dans la grande famille des substantifs *le pourquoi, le comment, les si* et *les car, les qui* et *les que, le boire* et *le manger*.

Il y a plus : les noms eux-mêmes ne peuvent être appelés substantifs que quand ils sont accompagnés de l'article. Je suppose que vous teniez en main un *verre à vin :* l'objet que vous tenez est bien le *verre ;* de vin il n'y en a pas. Les mots *à vin* n'expriment donc qu'une qualité, une forme du verre, et non un objet.

L'objet que vous tenez, c'est le *verre ;* et c'est seulement devant le mot *verre* que l'on met l'article, et non devant le mot *vin*. De même, si l'on dit : *le verre de vin*, les mots *de vin* n'expriment qu'un état du verre, comme si l'on disait *le verre plein* ou *le verre vide*.

Ici, vous allez peut-être me faire une observation. Quand on dit : UN *verre de vin*, DEUX *verres de vin*, CE *verre de vin*, MON *verre de vin*, le mot *verre* exprime toujours le même objet que quand on dit : *le verre de vin ;* les mots *un, deux, ce, mon*, ne sont cependant pas des articles ? Non, mais ils contiennent le sens de l'article dans leur signification : ce sont des *adjectifs déterminatifs*, dont nous parlerons plus loin ; et nous les forcerons bien à nous amuser, tout *déter-*

minatifs qu'ils sont. Il y a des personnes qui ont voulu les appeler des *articles ;* mais ces honnêtes adjectifs ont refusé net, ne voulant pas empiéter sur les droits de notre bon petit *le, la, les.*

VONS-NOUS fini avec l'article ? Non, il y a encore quelque chose de très intéressant à dire. Et quand je vous l'aurai dit, vous verrez que vous le saviez presque déjà.

N'est-il pas vrai qu'on ne dit jamais *le arc, la image ?* Et pourtant on dit *le fusil, la gravure.* Qu'y a-t-il là de différent ? Rien grand'chose ; mais il faut convenir que si l'on disait *le arc, la image,* ce ne serait pas fort harmonieux, et il en résulterait une ouverture de bouche peu agréable.

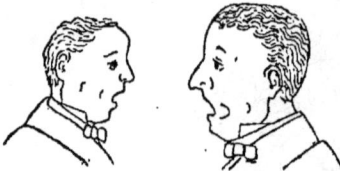

C'est ce qu'on appelle un *hiatus.* On escamote l'hiatus en faisant déguerpir l'*e* ou l'*a* de l'article, devant tous les mots qui commencent par une voyelle ou une *h* muette. Voyez comme ils s'en vont aussitôt qu'ils aperçoivent la voyelle qui est devant eux et qui les menace de l'*hiatus.*

L'ARC   L'ÉPÉE   L'HÔTE

Ce déguerpissement de l'*a* et de l'*e* a reçu un nom : c'est ce qu'on appelle *élision* de l'article. Ne vous effrayez pas de ce mot *élision ;* si vous l'oubliez, on vous le rappellera quand vous serez plus grands. Voyons maintenant autre chose.

Sans savoir encore ce que c'est qu'une *préposition,* vous avez employé bien des fois les mots *de* et *à,* qui sont des prépositions d'un usage presque continuel, aussi utiles que l'article et que les noms des objets eux-mêmes : *Le pied* DE *la table, une page* DE *ce livre, la porte* DE *la maison, aller* A *l'école*, voilà de ces choses qu'on a bien souvent à dire, et qu'on ne saurait exprimer sans les prépositions *de* ou *a*.

Eh bien, il y a là une petite remarque très importante à faire pour l'article. Vous n'entendrez jamais dire : *le coin* DE LE *livre*, et pourtant on dit *le coin* DE LA *page ;* on ne dit pas non plus : *les pages* DE LES *livres*, ni *les coins* DE LES *pages*, mais bien *les pages* DES *livres, les coins* DES *pages*. De même, on ne dit pas A LE *livre*, mais AU *livre;* on ne dit pas A LES *livres*, mais AUX *livres*. Les mots *de le, de les, à le, à les*, se *contractent* en un seul mot ; on dirait que la bouche leur fait l'effet d'une filière qui les resserre : c'est ce qu'on appelle *contraction* de l'article. Vous comprenez ce mot sans peine. Je crois, maintenant, que nous en avons dit assez sur un aussi petit mot, et que nous pouvons, en toute sûreté, passer aux adjectifs.

SEIZIÈME RÉCRÉATION.

Les adjectifs.

OH! les *adjectifs!* Voilà des mots qui vont nous faire voir bien des choses! Ils ne désignent pourtant aucun objet, ces adjectifs; mais ils expriment les qualités des objets: et que seraient pour nous les objets sans leurs qualités? On nous parle d'un édifice, par exemple: nous nous demandons à l'instant s'il est *grand, petit, rond, ovale, carré, ancien* ou *moderne, beau, majestueux, sévère, riant.* Nous voulons savoir si ses appartements sont *commodes, aérés, nombreux;* si ses caves sont *profondes,* ses murailles *solides,* son exposition *favorable.* Que de questions

à faire sur ce bâtiment et sur les différentes parties qui le composent! Et ces questions, nous pouvons les faire sur toute espèce de choses: les réponses seront autant d'adjectifs; ainsi, jugez s'il y en a!

Exerçons-nous donc à chercher des adjectifs: pour cela,

nous n'aurons qu'à prendre les divers objets que nous connaissons, et à en exprimer les qualités.

Voilà un métal, le fer, par exemple. Il est *dur,* il est *pesant;* il est facile à façonner au marteau, c'est-à-dire *malléable;* facile à réduire en fils, c'est-à-dire *ductile;* lorsqu'il est bien pur et bien poli, il est *blanc-grisâtre.* Il a encore bien d'autres qualités, que vous pouvez chercher à loisir.

Voilà un diamant. Il est *dur* aussi, et encore plus dur que le fer, mais il est *transparent* et *éclatant.*

Voilà un morceau de marbre. Il n'est pas transparent comme le diamant; il est donc *opaque.* Il est *gris, noir, jaune, rouge, rose, vert, veiné, jaspé, grenu, poli.*

Cet arbre est *grand* ou *petit, gros* ou *mince, droit, élancé, courbé, noueux, vieux, jeune.* Ses branches sont *raides, flexibles, souples, rameuses.*

Ses feuilles sont *allongées* ou *arrondies, triangulaires, lancéolées, unies, lustrées, velues.* Ses fruits sont *secs, charnus, huileux, sucrés, acerbes, verts, mûrs, succulents,* etc.

Ce cheval est *tranquille, fougueux, lent, agile, blanc, noir, gris, bai, alezan.* Il peut être *aveugle, borgne, boiteux, malade.*

Si des objets nous passons à l'homme, nous trouvons bien des adjectifs qui s'appliquent à lui comme à eux. De même que les animaux, il peut être *vieux, jeune, fort, faible, grand, petit, agile, lent, infirme, malade,* etc. Mais, par son intelligence, il nous présente des qualités qui n'appartiennent qu'à lui.

Voyez ce jeune enfant. Il est *docile, obéissant, studieux, sincère, candide, modeste.*

Voyez cet autre, qui est *indocile, désobéissant, paresseux, dissimulé, rusé, orgueilleux.* Je dis cela, mes bons amis, pour vous faire connaître les adjectifs qui expriment ces vilaines qualités; mais je suis bien certain que vous vous conduirez tous de telle sorte que ni vous ni vos camarades ne mériterez jamais qu'ils soient accolés à votre nom.

Voyez cette mère de famille. Elle est *bonne, douce, tendre, vigilante, attentive, dévouée.* Que d'adjectifs, plus doux les uns que les autres, on aime à joindre à ce nom-là!

Et cet ouvrier, quelles qualités lui trouverons-nous? Il est *actif, courageux, laborieux, honnête, probe, intelligent, industrieux, infatigable.* Son maître est probe comme lui; il est *ferme, clairvoyant, indulgent, paternel.*

Ce soldat est *brave, héroïque, fidèle, généreux, compatissant, inébranlable.*

Ce prince est *magnanime, clément, magnifique, prudent, juste, illustre, célèbre.*

Vous comprenez, mes bons amis, que bien des qualités que j'attribue ici au prince, au soldat, au maître, à l'ouvrier, conviennent à tous les hommes.

Les qualités des ouvrages de l'homme nous fournissent aussi beaucoup d'adjectifs particuliers, indépendamment de ceux qui leur sont communs avec les objets que la nature nous présente tout faits.

Ce vase est *solide, élégant, poreux, compacte, terne, luisant, poli, transparent, plein, vide, fêlé, neuf, vieux, ancien, antique.*

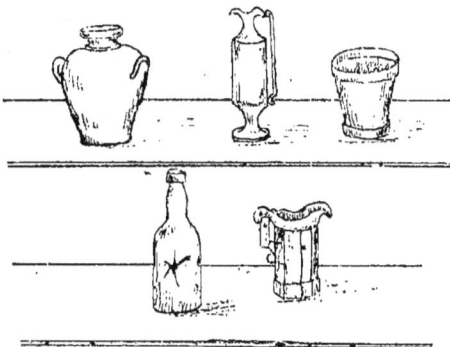

Cette cloche est *sonore, harmonieuse;* le son en est *grave* ou *aigu;* le timbre en est *sourd, clair, argentin.*

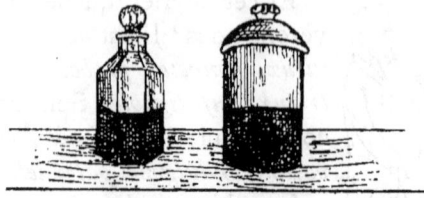

Cette liqueur est *douce, forte, piquante, irritante, enivrante, capiteuse, alcoolique, suave, parfumée.*

Cette maison est *vaste, saine, commode, aérée, agréable, habitable.*

Ce livre est *intéressant, amusant, instructif, broché, relié, bleu, rose, doré.*

Il y a de quoi s'exercer, comme vous voyez, mes enfants. Vous y reviendrez plus d'une fois, et vous retrouverez toujours du nouveau. En attendant, comme vous voilà bien familiarisés avec les adjectifs et capables de les distinguer à première vue, occupons-nous un peu des caprices de ces messieurs. Ils nous divertiront, tandis qu'ils causent de l'ennui à tant d'autres, qui ne les ont pas abordés aussi civilement ou qui se sont impatientés contre eux.

N est quelquefois embarrassé, ainsi que vous l'avez vu, de savoir si un substantif est masculin ou féminin. Les adjectifs ne présentent pas cette difficulté. Ils sont très complaisants sur ce chapitre; car tout adjectif prend le genre du nom auquel il se rapporte : masculin avec les noms masculins; féminin avec les féminins.

Fort bien, direz-vous : *Jardin* AGRÉABLE, adjectif masculin; *demeure* AGRÉABLE, adjectif féminin; GRAND *clocher*, adjectif masculin; GRAND *cloche*, adjectif féminin.

Et là-dessus vous riez; car il y a quelque chose qui cloche. On dit : GRANDE cloche. Il y a donc un petit changement à faire au féminin quand l'adjectif ne finit pas par un *e* muet; on ajoute cet *e* muet: *grand, grande; petit, petite; fort, forte.*

Allons, exerçons-nous : *Arbre vert, allée verte; — pré fleuri, plaine fleurie; — cuivre doré, assiette dorée; — drap bleu, étoffe bleue; — bois mort, feuille morte; — gilet rond, salle ronde; — travail matinal, rosée matinale; — asile sûr, maison sûre...*

Ici, vous m'interrompez encore malicieusement, et vous dites: « C'est charmant, cela va comme sur des roulettes. Je vais continuer tout seul: *blé nouveau, herbe nouveaue; — drap pareil, étoffe pareile; — habit vieux, veste vieuxe; — tapis turc, ville turce; — clairon guerrier, trompette guerriere; — discours trompeur, parole trompeure...* Oh la, la! quelle cacographie et quelle cacophonie! Nous savons qu'il faut *nouvelle, pareille, vieille, turque, guerrière, trompeuse...* Et la grammaire

est une trompeuse elle-même, et nous n'avons que faire
de sa règle ! »

Tout doucement, tout dou-
cement ! Il est déjà utile de
savoir, une fois pour toutes,
que, dans la plupart des cas, il
suffit d'ajouter un *e* muet à
l'adjectif pour en avoir le féminin. C'est toujours une grande
épine hors du pied. Mais il y
a des exceptions, de petits caprices qu'il faut passer à ces
bons adjectifs, si commodes, si complaisants, si variés. D'ailleurs, ces exceptions-là ont encore pour but de rendre les
mots plus agréables à l'oreille; raison de plus pour les excuser.
Et puis, quand on en connaît une, on connaît toutes celles
de la même espèce. Nous causerons donc des principales;
mais, pour le moment, reposons-nous un peu en cherchant
des adjectifs terminés en *e* muet, et en joignant chacun d'eux
à un substantif masculin et à un substantif féminin.

FIXE............ Un point fixe, une étoile fixe.

FERME......... Un langage ferme, une conduite ferme.

SONORE........ Un métal sonore, une corde sonore.

UNIQUE .... Un enfant unique, une fille unique.

VIVACE......... Un arbre vivace, une plante vivace.

PRÉCOCE ...... Un fruit précoce, une végétation précoce.

AIGRE......... Un vin aigre, une cerise aigre.

PROPRE........ Un vase propre, une assiette propre.

MALADE....... Un bras malade, une personne malade.

ROBUSTE...... Un homme robuste, une santé robuste.

SUAVE......... Un parfum suave, une liqueur suave.

BRUSQUE...... Un caractère brusque, une sortie brusque.

SENSIBLE...... Un cœur sensible, une perte sensible.

RAUQUE....... Un son rauque, une voix rauque.

INACCESSIBLE. Un rivage inaccessible, une montagne inac-
                cessible.

FRÊLE......... Un être frêle, une tige frêle.
SUBLIME ...... Un discours sublime, une vertu sublime.
LISIBLE........ Un billet lisible, une écriture lisible.
CALME......... Un temps calme, une mer calme.
NOBLE......... Un sentiment noble, une action noble.

Ces adjectifs en *e* muet sont comptés pour la première exception à la règle de la formation du féminin. Il est naturel qu'ils ne prennent pas d'*e* muet, puisqu'ils en ont déjà un. Que feraient ces deux muets près l'un de l'autre?

DIX-HUITIÈME RÉCRÉAT.

Les exceptions à la règle de la formation du féminin dans les adjectifs.

VOUS avez tant ri de voir le féminin de *nouveau* devenir *nouveaue* par la règle de l'*e* muet, et vous m'avez tout de suite dit qu'il fallait *nouvelle*. Mais d'où vient cela? De ce que *nouveau* vient d'un ancien mot qui est *nouvel*, et qu'on emploie encore lorsque le mot suivant commence par une voyelle, comme dans *nouvel an*.

Il y a encore un autre adjectif qui offre la même particularité; c'est l'adjectif *beau*, qui est le même que *bel : bel habit, bel animal*. Aussi, le féminin de *beau* est-il *belle*.

Mais ici, vous m'arrêtez encore, et vous dites: Quand j'ajoute un *e* muet à *nouvel* et à *bel*, je n'ai encore que *nouvele* et *bele;* ce n'est pas cela !

Vous avez raison ; mais convenez que *nouvele* et *bele* feraient un assez triste effet. Aussi tous les adjectifs qui finissent en *el, eil, en, on, et,* doublent-ils leur consonne finale devant l'*e* muet du féminin : *un nom immortel, une gloire immortelle;* — *un teint vermeil, une poire vermeille;* — *un sentiment chrétien, une âme chrétienne;* — *un bon point, une bonne action;* — *un e muet, une syllabe muette.*

Les adjectifs *mou* et *fou*, qui viennent de *mol* et de *fol*, font au féminin *molle* et *folle; vieux*, qui vient de *vieil*, fait au féminin *vieille*.

Mais les autres adjectifs en *eux*, comme *heureux*, *pieux*, *merveilleux*, forment leur féminin en *euse : heureuse*, *pieuse*, *merveilleuse*. Cela n'est pas étonnant, n'est-ce pas ? puisque l'*x* est une espèce d'*s*.

Il y a encore une famille d'adjectifs qui font leur féminin en *euse;* ce sont les adjectifs en *eur : Trompeur*, *trompeuse; menteur*, *menteuse;* etc. Mais cette famille-là ne s'entend pas très bien; il y en a qui veulent que leur féminin soit en *rice : accusateur*, *accusatrice;* d'autres, mais en petit nombre, qui le font en *esse : vengeur*, *vengeresse*. N'en parlons pas trop, de crainte de nous brouiller avec eux. Vous y reviendrez lorsque vous serez plus avancés.

Vous savez ce que c'est qu'un angle aigu. Si vous ne le savez pas, je vous dirai que vous pouvez vous en faire une idée en regardant un coin étroit et allongé. Je suppose que vous vouliez appliquer l'adjectif *aigu* à une *pointe*, qui est du féminin, vous direz *une pointe aiguë*. Oui, mais remarquez que je mets un *tréma* sur l'*e* muet. Pourquoi ? Parce que si je n'en mettais pas, on prononcerait *gue* comme dans *figue*, ce qui ne ferait pas l'affaire de l'adjectif *aigu*. Tous les adjectifs en *gu* sont dans le même cas.

Quand le tailleur vient de vous faire un habit, vous dites: *c'est un habit neuf*. Mais quand le maçon vient de faire une maison, vous ne dites pas : *une maison neufe*, mais *une maison neuve:* vous avez changé l'*f* en *v* pour que cela soit plus harmonieux. Eh bien, on fait la même chose pour tous les adjectifs en *f : Bref, brève; tardif, tardive.*

N'oublions pas de vous dire aussi un mot des adjectifs terminés en *er*, comme *guerrier, fier, léger, étranger*, et qui ne demandent qu'une toute petite grâce : celle de mettre, au féminin, un accent grave sur l'*e* qui précède leur *r*. Pourrait-on trouver cela trop exigeant ? Considérez quelle figure maussade ferait leur féminin si on l'écrivait : *guerriere, fiere, légere, étrangere.* Ainsi, accordons-leur de grand cœur cet accent grave et disons : *guerrière, fière, légère, étrangère :* ce ne sera pas trop charger notre mémoire que de le retenir.

Il y a encore bien quelques adjectifs qui se mettent à leur aise dans des exceptions pour eux tout seuls ; mais en voilà assez : ils attendront bien que vous soyez un peu plus avancés pour faire leur connaissance. Cependant, nous devons faire une grâce toute spéciale aux adjectifs *turc, grec, public, caduc*. Que dirait-on de nous, en effet, si nous ne pouvions répondre à l'instant que leur féminin est *turque, grecque, publique, caduque ?*

DIX-NEUVIÈME RÉCRÉAT.

Le pluriel des adjectifs. Les degrés de signification.

NOUS n'aurons point tant d'embarras avec le pluriel des adjectifs qu'avec leur féminin. Ce n'est pas qu'il ne soit sujet à quelques petits caprices ; mais ces caprices ressemblent à ceux des substantifs, dont nous avons déjà parlé. Ainsi, les adjectifs en *s* et en *x* ne prennent pas d'*s* au pluriel : *Un homme heureux, des hommes heureux ; un œuf frais, des œufs frais.* Les adjectifs en *eau*, comme *beau, nouveau,* prennent *x* au pluriel : *Un livre nouveau, des livres nouveaux.* Les adjectifs en *al* font leur pluriel en *aux : Un compte général, des comptes généraux.* Mais ici prenons garde, il y a une grande attrape.

Vous avez déjà entendu parler d'un *combat naval.* Un combat naval, un combat sur la mer, où, à tout moment, les combattants peuvent être engloutis par les flots, c'est quelque chose de terrible, quelque chose qui ne peut donner envie de rire à personne. Si pourtant un brave marin, ayant assisté à plusieurs de ces formidables combats, avait le malheur de dire qu'il a assisté à deux, trois, quatre *combats navaux,* on aurait beaucoup de peine à s'empêcher de rire. Pourquoi ? Je n'en sais rien... Parce qu'on ne dit pas des *combats navaux.* Comment dire, donc ? *Des combats navals,* si vous voulez. Et encore, cela ne se dit pas très souvent. C'est un singulier caprice,

n'est-ce pas ? Eh bien, il y a encore quelques autres adjectifs en *al*, qui sont dans le même cas ; ce sont : *amical, fatal, final, frugal, glacial, matinal, pascal, théâtral.* Il y en a d'autres, comme *colossal, austral,* qui ne savent pas eux-mêmes, si leur pluriel est en *als* ou en *aux :* laissons-les se débrouiller, et, quand nous serons plus avancés, nous choisirons la manière qui nous paraîtra la meilleure. Passons maintenant aux *degrés de signification ;* cela nous distraira un instant.

Un adjectif exprime une qualité, c'est fort bien ; mais à quel degré cette qualité est-elle portée ? Voilà une grenouille, par exemple : pour une grenouille elle est passablement

grosse ; c'est *positif.* Oui, mais elle se compare avec le bœuf, et elle trouve qu'elle est *moins grosse.* Voilà un *comparatif d'infériorité* dont elle se trouve humiliée, et elle voudrait bien être *aussi grosse,* ce qui ferait un *comparatif d'égalité.* C'est un peu ambitieux pour une grenouille, sans doute ; mais l'ambition ne raisonne guère, comme vous le savez. Vous n'ignorez pas que la grenouille de la fable n'eut pas à se louer de cette ambition-là. Si elle eût mieux raisonné, elle aurait remarqué qu'il y avait des bœufs encore *plus gros* que celui dont elle était si jalouse; de sorte que, quand même elle l'aurait égalé, elle aurait pu encore se trouver en face d'un *comparatif de supériorité.*

D'ailleurs un bœuf, quand même il serait *très gros,* paraîtrait petit en comparaison d'un éléphant, qui est *le plus gros* des quadrupèdes. Et que serait la grosseur de celui-ci, en comparaison d'une montagne ?

Voilà pourtant deux expressions, *très gros* et *le plus gros,* auxquelles nous n'avons pas encore donné de nom. Ce sont deux *superlatifs,* c'est-à-dire deux degrés supérieurs : mais quand je dis : *le plus gros des quadrupèdes,* j'exprime la supériorité *relativement* aux quadrupèdes: c'est le *superlatif relatif ;* tandis que si je dis simplement : *très gros,* c'est un *superlatif absolu,* c'est-à-dire, qui ne repose pas sur une comparaison.

POUR en finir avec les adjectifs, nous avons encore une petite queue à écorcher, qui ne sera pas trop facile ; mais nous tâcherons d'en sortir à notre honneur.

Les adjectifs dont nous nous sommes occupés jusqu'ici exprimaient des qualités, et ils méritent le titre de *qualificatifs* qu'on leur a donné. Quand vous dites : *le livre bleu*, *bleu* est un adjectif qualificatif. Si cependant vous dites : *mon livre*, *mon* est aussi un adjectif, puisqu'il exprime une manière d'être du livre ; mais, au lieu de le qualifier, il le *détermine* : c'est un adjectif *déterminatif*.

Aussi bien que vous dites *mon livre*, pour dire *le livre qui est à moi*, vous pouvez dire à votre camarade *ton livre*, pour dire *le livre qui est à toi ;* et, en parlant d'un troisième, *son livre*, pour *le livre qui est à lui. Je reprends* MON *livre, je te rends* TON *livre, rends-lui* SON *livre*. Si vous voulez parler d'un livre qui appartient à plusieurs à la fois, vous pouvez dire : NOTRE *livre*, VOTRE *livre*, LEUR *livre*. Si l'on possède plusieurs livres, vous pouvez dire : MES *livres*, TES *livres*, SES *livres*, NOS *livres*, VOS *livres*, LEURS *livres*.

Ces adjectifs : *mon, ton, son, notre, votre, leur, mes, tes, ses, nos, vos, leurs*, s'appellent *adjectifs déterminatifs possessifs*, parce qu'ils s'appliquent aux choses que l'on possède.

Ils ont un petit caprice. *Mon, ton, son*, font au féminin *ma, ta, sa. Mon livre, ma plume ; ton livre, ta plume ;* etc. Tous les autres sont les mêmes au masculin et au féminin.

Mais voici quelque chose de plus singulier : vous dites *ma plume*, et vous ne pouvez pas dire *ma écriture*, quoique *écriture* soit féminin comme *plume*. Vous savez qu'on dit : *mon écriture, ton écriture, son écriture*. Pourquoi cela ? Parce que l'*a* de *ma* ferait mauvais effet devant les mots qui commencent par une voyelle ou une *h* muette.

Si, en montrant un clocher, une rivière, je dis : *ce clocher, cette rivière*, le mot *ce, cette*, est aussi un adjectif déterminatif, qu'on appelle *démonstratif*, parce qu'il sert à *montrer*.

Il a aussi un caprice, cet adjectif-là. Vous ne pouvez pas dire *ce arc, ce habit*, et vous savez qu'on doit dire *cet arc, cet habit*. Convenez que ce *t*, ajouté à *ce* devant les mots qui commencent par une voyelle ou une *h* muette, ne fait pas mauvais effet, et qu'il est même nécessaire.

Voilà des ouvriers qui se jettent très adroitement des briques, sans se faire mal et surtout sans faire mal aux briques, ce qui est encore plus difficile. Et, en les jetant et les rattrapant, ils ont encore le talent de les compter.

Voilà un officier qui compte ses soldats, afin de voir s'il n'en manque pas à l'appel. Vous pouvez aussi compter les arbres qui sont là dans le fond : *Un, deux, trois, quatre, cinq,*

six, sept, huit. Quel genre de mots est-ce là ? Ce sont
encore des adjectifs déterminatifs. On les appelle *adjectifs
déterminatifs numéraux,* parce qu'ils expriment le nombre.
Si l'on dit : *premier, deuxième, troisième,* etc., ce sont des
adjectifs de nombre *ordinal,* c'est-à-dire déterminant l'*ordre ;*
ceux qui, comme *un, deux, trois, quatre,* etc., servent à
compter, sont appelés adjectifs de nombre *cardinal.*

Nous ferons bien, en quittant les adjectifs déterminatifs,
de leur jeter quelques fleurs, car c'est un sujet assez aride.

Cela nous donnera l'occasion de vous parler, sans trop vous
chagriner, de leur quatrième et dernière espèce. *Quelques
fleurs,* c'est bien un nom et un adjectif. Mais quel genre
d'adjectif est-ce, ce *quelques ?* C'est un adjectif déterminatif
indéfini. Plusieurs, tout, tous, nul, aucun, chaque, quelconque,
sont dans le même cas.

VINGT-ET-UNIÈME RÉCR.

Les pronoms.

OH ! les *pronoms !* Ce n'est pas le sujet le plus amusant de la grammaire ; ils peuvent aller avec les
adjectifs déterminatifs. Si nous les laissions là pour
plus tard ? Non, non; il faut être vaillants, et
montrer que nous ne les craignons pas ! D'ailleurs, si nous
ne savons en venir à bout, nous tâcherons de rire un peu à
leurs dépens ; cela ne fera pas de tort au prochain.

Lorsque vous étiez de
tout petits enfants, com-
mençant à parler, vous
ne vous serviez pas des
mots *moi* ou *je* en parlant
de vous-mêmes.

Vous, par exemple,
Charles, si vous vouliez
dire que vous aimiez votre
maman, vous disiez : *Charles aime maman.* Si vous vouliez
dire à votre frère Louis qu'il vous faisait mal, vous lui
disiez : *Louis fait mal à Charles.* Aujourd'hui vous savez
dire : *J'aime maman,* — *Louis,* TU ME *fais mal,* — IL ME *fait
mal,* — *viens avec* MOI.

Il faut convenir que c'est un peu mieux ; car enfin, on aime bien de savoir si la personne qui parle veut parler d'elle-même ou d'une autre personne à qui elle parle, ou enfin d'une troisième personne. C'est ce que font sentir les mots *moi, je, me, toi, tu, te, lui, il.* Eh bien, voilà ce qu'on appelle des *pronoms.*

Il y a encore d'autres pronoms, dont nous parlerons tout-à-l'heure ; mais ceux-ci sont les principaux. On les appelle *pronoms personnels,* parce qu'ils désignent les *trois personnes du discours :* la *première* est celle qui parle ; la *seconde,* celle à qui l'on parle ; la *troisième,* celle de qui l'on parle.

Vous remarquerez que, si vous parlez de plusieurs d'entre vous à la fois, vous dites: *Nous, vous, ils, eux.* Ce sont encore bien là des pronoms personnels. Sont-ce de nouvelles personnes ? Non, ce sont les trois personnes au pluriel : Nous est la *première ;* vous la *seconde ;* ils, eux la *troisième.*

Remarquez aussi que *il, le,* ont un féminin : *il,* elle, elles; *le,* la, les. Ne confondez pas *le, la, les,* pronom, avec *le, la, les* article. Le *livre est là, je* le *vois :* dans le premier exemple, le est article ; dans le second, il est pronom : *je* le *vois,* c'est-à-dire, *je vois* lui.

Quand on dit : *Pierre* se *blesse,* se est encore un pronom personnel ; on l'appelle *pronom réfléchi,* parce que l'action de *blesser,* faite par Pierre, se réfléchit en quelque sorte

sur lui-même. Le pronom soi, que vous connaissez aussi, est également un pronom réfléchi.

Ne confondez pas le pronom réfléchi se avec l'adjectif démonstratif ce, qui s'écrit avec un *c :* Ce *chien* se *jette sur* ce *loup.*

VINGT-DEUXIÈME RÉCR.

Les pronoms possessifs, démonstratifs et indéfinis.

OUS remarquerez que les pronoms ne servent pas seulement à désigner la personne, mais qu'ils tiennent la place du nom et évitent sa répétition. Que diriez-vous si vous entendiez des phrases comme celle-ci : *Mon habit était déchiré, parce qu'une épine avait accroché mon habit ; et il a fallu porter mon habit chez le tailleur pour raccommoder mon habit ?* Vous diriez que ce n'est pas très harmonieux, et que c'est un habit qui traîne un peu trop.

Pourtant, on serait bien forcé de parler de la sorte si l'on n'avait pas les pronoms, Grâce à eux, votre discours ira plus leste-ment, et vous direz: *Mon habit était déchiré, parce qu'une épine* L'*avait accroché ; et il a fallu* LE *porter chez le tailleur pour* LE *raccommoder.*

Je suppose que vous et vos camarades ayez laissé vos livres rangés bien en ordre sur les pupitres d'une classe pour aller jouer un instant dans la cour, et que, pendant votre récréation, un petit malin singe se soit récréé à sa manière en les jetant les uns après les autres. Vous rentrez, le singe se

cache, vous trouvez ce beau ménage. Vite, chacun cherche son livre dans la bagarre. On s'écrie : *Voilà* LE MIEN ! LE TIEN ! LE SIEN ! — LES MIENS ! LES TIENS ! LES SIENS ! — Que serait-ce, dans un émoi pareil, s'il fallait dire : *Voilà mon livre, ton livre, son livre !* Eh ! ne sait-on pas que ce sont des livres, et est-il nécessaire de répéter ce nom-là tant de fois ? Voilà donc, mes amis, de nouveaux pronoms, que vous accueillerez bien, j'en suis sûr. Remarquez qu'ils sont proches parents des adjectifs possessifs *mon, ton, son :* aussi les appelle-t-on *pronoms possessifs.*

S'il s'agit d'objets possédés par plusieurs personnes à la fois, vous direz : *le nôtre, le vôtre, le leur,* et, au pluriel, *les nôtres, les vôtres, les leurs.* Remarquez que *nôtre* et *vôtre,* pronoms, ont un accent circonflexe, tandis que *notre* et *votre,* adjectifs, n'en ont pas.

Bien entendu qu'on dit, au féminin, *la mienne, la tienne, la sienne, les miennes, les tiennes, les siennes.*

Il existe aussi des *pronoms démonstratifs.* Ainsi, quand vous dites : *On m'a donné à choisir entre ces deux livres, j'ai pris* CELUI-CI ; le mot CELUI-CI est un pronom démonstratif : il remplace le nom *livre,* et il montre l'objet.

Votre camarade pourrait répondre : *J'aurais préféré* CELUI-LA. Le mot *celui-là* est encore un pronom démonstratif.

Ces pronoms ont pour pluriel *ceux-ci, ceux-là.* Au féminin on dit : *celle-ci, celle-là, celles-ci, celles-là.*

Les mots CECI, CELA, signifiant *cet objet-ci, cet objet-là,* sont aussi des pronoms démonstratifs.

Les mots CELUI et CELLE n'ont pas besoin des particules

CI et LA pour être des pronoms démonstratifs. Vous.
dites souvent : CELUI *qui*, CELLE *qui*, CEUX *qui*, CELLES *qui*...
Mais ce mot *qui* est encore une autre sorte de pronom, dont
je vous parlerai dans la récréation prochaine. Finissons celle-
ci par les pronoms indéfinis, qui sont encore de singuliers
personnages.

Je suppose que vous alliez tranquillement à l'école, vos
livres sous le bras. Un mauvais plaisant passe près de vous
et vous enfonce votre chapeau;
cela arrive. Vous voilà tout aba-
sourdi. Qui est-ce qui a fait cela?
PERSONNE ne l'a vu. ON a enfoncé
votre chapeau, voilà ce qu'il y a
de certain. ON, et PERSONNE, voilà
un beau renseignement pour dres-
ser procès-verbal.

Ces deux mots ON et PERSONNE
n'ont-ils pas été bien nommés
pronoms indéfinis?

Il y a encore pas mal d'autres personnes de ce genre. TEL
qui enfonce le chapeau D'AUTRUI peut avoir derrière soi
QUELQU'UN qui lui allonge un coup de pied. CHACUN le sait,
maint farceur s'est trouvé dans ce cas, et AUCUN n'est assuré
d'en être exempt. L'UN sera attrappé plus tôt, l'AUTRE plus
tard, voilà TOUT! RIEN n'est plus certain.

Que dites-vous des mots TEL, AUTRUI, CHACUN, QUELQU'UN, AUCUN, l'UN, l'AUTRE, TOUT, RIEN? Je crois qu'ils peuvent aller avec ON et PERSONNE, et que le titre de *pronoms indéfinis* leur convient parfaitement.

OICI une manière de parler que vous employez bien souvent. *Le livre* QUE *mon ami m'a donné,* — *l'ami* QUI *m'a donné un livre.* Le mot QUE tient évidemment ici la place du nom *livre,* et le mot QUI, la place du nom *ami.* Ce sont donc encore des pronoms. On les nomme *pronoms relatifs,* parce qu'ils se rapportent à un nom qui précède. Retenez toujours leur titre et ne vous en préoccupez pas trop; car ils pourraient vous donner du fil à retordre, ces *qui* et ces *que.*

Vous dites aussi quelquefois : *le livre* DONT *je vous ai parlé, la personne* DONT *vous m'avez dit le nom :* DONT est encore un pronom relatif; il signifie *de qui.* On dit aussi DUQUEL; seulement, DUQUEL a un masculin et un féminin, un singulier et un pluriel, tandis que DONT est le même dans tous les cas.

DUQUEL, DESQUELS, DESQUELLES, LEQUEL, LAQUELLE, LESQUELLES, AUQUEL, AUXQUELS, AUXQUELLES, voilà autant de pronoms relatifs. Vous voyez aisément qu'ils sont tous formés de LEQUEL; et ce dernier est le même que QUI et QUE.

Il vous est peut-être quelquefois arrivé, lorsque vous étiez trop animés au jeu, de faire un coup de malheur; par exemple, de tirer la nappe et

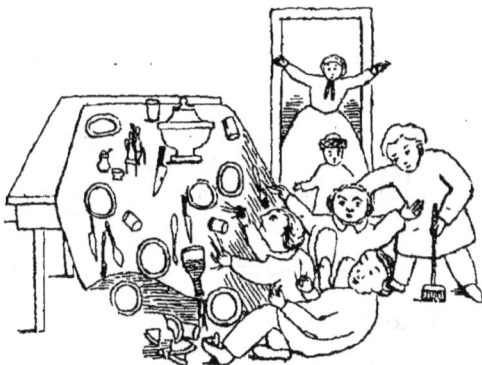

les assiettes à terre, en attendant le dîner, ou de renverser la bouteille à l'encre.

Qui *a fait cela?* Voilà un QUI... que vous redoutez terriblement en cette circonstance! C'est un QUI *interrogatif* des plus pointus, qui vous pénètre jusqu'à l'âme. Et pourtant, c'est tout bonnement le pronom relatif QUI, employé interrogativement. Les pronoms QUE, LEQUEL, DUQUEL, AUQUEL et toute leur séquelle peuvent aussi servir à interroger; ce sont de grands curieux que ces pronoms-là: QUE *faites-vous?* LEQUEL *voulez-vous?* DUQUEL vous *êtes-vous servi?* etc. etc. Il n'y a que le pronom DONT qui ne demande rien à personne.

N'oublions pas le pronom QUOI, qui est un très grand interrogateur. Vous le connaissez: QUOI, *de* QUOI, *à* QUOI, POURQUOI? C'est à n'en pas finir avec ce curieux!

Eh bien! nous en finirons, et nous tirerons tout doucement la révérence aux pronoms, en les priant de revenir une autre fois. Ouvrons-LEUR la porte, et que TOUT s'en aille, excepté VOUS et MOI, puisque le verbe aura besoin de NOUS. Voyez-moi donc quelle cohue!

PERSONNE ne sait à qui entendre. Comme ils se poussent, comme ils se taquinent LES UNS LES AUTRES! CELUI-CI nous

salue avec une grâce exquise, CELUI-LA nous montre le poing.
ON vient d'un côté, ON va d'un autre; les QUI et les QUE se
rencontrent de tous côtés. Pourtant, si QUELQU'UN tombe,
ON le ramasse; car les pronoms, même indéfinis, ne sont pas
dépourvus d'humanité. Allons, les voilà tous partis. Il s'agit
maintenant de nous préparer à faire connaissance avec le
verbe.

E VERBE! Nous y voilà enfin! C'est ici le mot par excellence, le mot des mots! C'est lui qui exprime l'existence, la vie, l'action! VERBUM! Comme il sonne, ce mot latin! Savez-vous ce qu'il veut dire? Il veut dire précisément *mot, parole.* La parole, c'est la vie. Vous savez que Dieu a créé le monde par sa divine parole. Vous savez aussi qu'il s'appelle quelquefois le *Verbe.* Quand quelqu'un élève la voix, on dit qu'il a le *verbe haut.* Jugez donc, par l'importance du nom *verbe,* combien est importante l'espèce de mots que l'on a appelée de ce nom.

Quel est le premier verbe qui va se présenter à nous? Cherchez-bien, dans les mots que vous prononcez le plus souvent. Vous hésitez? Allons, dites quelque chose. Prenez DIEU pour sujet, puisque c'est Dieu qui vous a donné l'existence. Quelle est la première idée que ce nom éveille en vous? *Dieu* EST *bon.* Voilà une vérité que vous affirmez avec certitude. Vous dites aussi: *Dieu* EST *notre Père,* — *nous* SOMMES *les enfants de Dieu,* — *je* SUIS *obéissant à Dieu.*

Ces mots *Suis, est, sommes,* appartiennent à un même verbe ÊTRE. Or, vous savez combien ils s'emploient souvent; vous ne sauriez attribuer une qualité à une chose, sans dire *elle est.* Elle *est* bonne, elle *est* mauvaise, elle *est* blanche, elle *est* noire, etc. *Être,* n'est-ce pas exister? Sans l'existence, on ne pourrait rien faire; elle est le soutien de toutes nos actions; c'est pourquoi l'on appelle le verbe ÊTRE *Verbe substantif.*

Le mot ÊTRE n'est pas seulement le verbe par excellence, c'est aussi le substantif par excellence. L'ÊTRE c'est la vie; et tout ce qui existe s'appelle des *êtres;* les uns animés, les autres inanimés. Dieu est l'ÊTRE suprême.

Employons donc ce verbe ÊTRE de manière à bien nous familiariser avec lui. Pour cela, nous lui donnerons pour sujets les noms d'un grand nombre d'objets que nous connaissons, et nous joindrons à ces noms des adjectifs exprimant les qualités de ces objets; ou bien encore, d'autres noms exprimant ce que les objets sont.

Le *soleil*, la *terre*, l'*eau*, le *cuivre*, le *granit*, que sont-ils ? Le soleil *est* un astre, le soleil *est* beau. — La terre *est* une planète, la terre *est* ronde. — L'eau *est* un liquide, l'eau *est* transparente. — Le cuivre *est* un métal, le cuivre *est* sonore. — Le granit *est* une pierre, le granit *est* dur.

Voulons-nous prendre des végétaux ? Que sont l'*osier*, le *blé*, la *laitue*, le *peuplier*, l'*orange* ? L'osier *est* flexible, l'osier *est* une espèce de saule. — Le blé *est* une céréale, le blé *est* nourrissant. — La laitue *est* un légume, la laitue *est* douce. — Le peuplier *est* un arbre, le peuplier *est* haut. — L'orange *est* un fruit, l'orange *est* aromatique.

Prenons maintenant des sujets dans le règne animal. Le lion *est* un carnassier, le lion *est* féroce. — Le lièvre *est* un rongeur, le lièvre *est* timide. — Le brochet *est* un poisson, le brochet *est* vorace. — La grenouille *est* un reptile, la grenouille *est* amphibie. — La mouche *est* un insecte, la mouche *est* importune.

Mais tout ce monde-là, cela ne parle pas, excepté dans la fable, où nous voyons, par exemple, maître renard attraper maître corbeau par un beau discours. Nous autres, au contraire, qui sommes des gens, des *personnes*, nous disons *moi, je, toi, tu, nous, vous*. Qu'en résulte-t-il ? C'est que nous pouvons mettre le verbe *être* à toute sauce : *Je suis, tu es, il est, nous sommes, vous êtes, ils sont*. En voilà, des manières de dire qu'on existe ! Comment appelle-t-on cela ? C'est la *conjugaison* du verbe.

E vous avais dit, mes enfants, lorsque nous avons pris congé de messieurs les pronoms, que le verbe aurait besoin de *vous*, de *moi*, de *nous*, c'est-à-dire des pronoms personnels. Vous en voyez maintenant la preuve ; car, sans eux, vous ne sauriez faire la conjugaison du verbe, et vous avez entrevu combien elle est intéressante.

Je suis, tu és, il est, nous sommes, vous êtes, ils sont : c'est toujours *être* ; mais voyez comme le verbe *être* change de forme pour chaque pronom. C'est ce qu'on appelle les *personnes* du verbe. Depuis que vous connaissez les pronoms personnels, vous savez ce qu'on doit entendre par là. Eh bien ! nous allons prendre maintenant beaucoup d'autres verbes, et nous verrons quelle figure ils feront à toutes les personnes ; ce sera curieux !

Mais, à propos, comment allons-nous les trouver, tous ces verbes ? Eh ! c'est bien facile. Considérons toutes les manières d'être, tous les états et toutes les actions, et nous aurons ramassé une quantité de verbes fort respectable.

Voilà un cheval. Il est, il existe ; mais comment le fait-il voir ? Il *marche*, il *court*, il *trotte*, il *galoppe*, il *boit*, il *mange*, il *hennit*...... Un, deux, trois, quatre, cinq, six, sept verbes ; conjuguons-en quelques-uns.

Je marche
Tu marches

Je cours
Tu cours

Je bois
Tu bois

Il marche	Il court	Il boit
Nous marchons	Nous courons	Nous buvons
Vous marchez	Vous courez	Vous buvez
Ils marchent.	Ils courent.	Ils boivent.

Voyons ce que fait cette eau. Elle *tombe*, elle *coule*, elle

Elle tombe, elle coule,   elle gèle,   elle pèse, elle remplit, elle mouille.

gèle, elle *pèse*, elle *remplit*, elle *mouille*.

Et cette orange, que fait-elle ? Elle *fleurit*, elle *pousse*, elle *mûrit*, elle *parfume*, elle *désaltère*. Voilà autant de verbes que nous pouvons conjuguer aussi.

Mais qu'est-ce encore que tous ces sujets, tirés de noms de choses, pour nous faire trouver des verbes ? Parlez-moi des noms de personnes! Voyez ce simple paysan : Il *laboure*, il *bêche*, il *herse*, il *plante*, il *sème*, il *sarcle*, il *cueille*, il *récolte*, il *moissonne*, il *fauche*, il *taille*, il *greffe*. Il *va*, il *vient*, il *sort*, il *rentre*, il *déjeune*, il

dîne, il *goûte*, il *soupe*. Il *pense*, il *raisonne*, il *conçoit*, il *parle*, il *chante*, il *prie*. En voilà des verbes! Et qu'est-ce, en comparaison de la multitude de ceux qui restent à trouver?

Voulez-vous chercher dans un autre ordre de faits? Prenez cet homme de la ville. Voyez-le *vendre, acheter, marquer, compter, calculer, écrire, lire, expédier, envoyer, moudre, tordre, teindre, peindre, forger, fourbir, bâtir, crépir, scier, limer, tailler, payer, recevoir,* que sais-je !

Voulons-nous chercher dans les travaux de l'esprit ? Voilà l'homme qui *étudie*, qui *médite*, qui *compose*, qui *critique ;* le voilà qui *enseigne*, qui *instruit*, qui *professe*, qui *démontre.*

Exerçons-nous à réciter couramment les trois personnes du singulier et du pluriel pour tous ces verbes, comme nous l'avons fait pour le verbe ÊTRE, et je vous promets, mes bons amis, que vous vous en trouverez bien par la suite.

L A conjugaison se borne-t-elle à ce que nous avons répété sur tous les tons dans notre dernière récréation? Ah bien oui! Vous savez vous-mêmes qu'on emploie le verbe de bien d'autres manières, ainsi que vous le faites tous les jours dans votre conversation.

Je suppose que vous soyez tous sages : ce n'est pas une supposition ; vous l'êtes, puisque vous prêtez une attention parfaite à notre petite leçon de grammaire. Chacun de vous peut dire, en parlant de lui-même : *Je suis sage ;* et à chacun de ses camarades : *tu es sage ;* et en montrant l'un deux : *il est sage.* Vous pouvez dire ensemble : *nous sommes sages,* et, les uns aux autres : *vous êtes sages, ils sont sages.* C'est la conjugaison dans le temps présent, telle que nous l'avons vue jusqu'ici.

Je suppose, pourtant, que vous ne soyez pas sages dans ce moment présent, et que vous ayez donné à vos parents sujet de se plaindre. Ils vous grondent. Bien vite vous leur

dites : *Je serai sage. Je serai,* voilà une forme du verbe ÊTRE bien souvent employée, et dont nous n'avons pas encore parlé. Quel nom lui donnera-t-on ?

Je suis sage signifie être sage dans le temps présent, ainsi que nous l'avons remarqué tout-à-l'heure ; *je serai sage* signifie être sage dans un temps à venir. Eh bien! nous dirons que *je suis* est le *temps présent* du verbe, ou simplement *le présent*, et que *je serai* en est le *temps futur* ou simplement *le futur* (futur vient d'un mot latin qui exprime l'avenir).

Et comme on peut parler de l'avenir à toutes les personnes, nous pourrons dire : *Je serai sage, tu seras sage, il sera sage, nous serons sages, vous serez sages, ils seront sages.* Vous connaissez tout cela, mes amis : faisons-le pour les autres verbes comme pour le verbe ÊTRE.

J'étudierai, j'enseignerai, j'instruirai, je bâtirai, je taillerai, je teindrai, je forgerai, je fourbirai, j'écrirai, je lirai, j'achèterai, je viendrai, je paierai, je recevrai, je labourerai, je parlerai, j'entrerai, je sortirai, etc., etc. Courage ! Passez-les tous en revue, et conjuguez-les à toutes les personnes! Vous y réussirez sans peine, et vous trouverez de vous-même ce qu'il faut dire. S'il est nécessaire, on vous aidera un peu.

Profitons de l'occasion pour faire tout de suite connaissance avec une autre espèce de futur. Quand vous promettez à vos parents d'être sages pendant leur absence, vous leur dites quelquefois : *j'aurai été sage quand vous rentrerez*. Il y a là deux futurs différents. *J'aurai été* et *vous rentrerez* expriment tous d'eux l'avenir; mais le temps du premier sera passé, quand celui du second sera présent : c'est pourquoi on l'appelle ordinairement *futur passé*. Allons, exerçons-nous bravement sur ce genre de futur, que vous connaissiez déjà très bien.

J'aurai étudié, j'aurai enseigné, j'aurai instruit, j'aurai bâti, j'aurai taillé, j'aurai teint, j'aurai forgé, etc. etc.

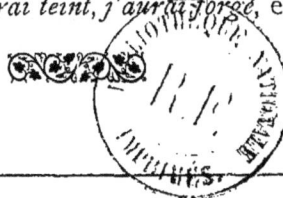

JE suppose maintenant que, pour vous engager à être sages, je vous rappelle que vous l'avez été hier, que vous l'étiez encore il n'y a qu'un moment; je dis: *Vous étiez sages, vous avez été sages. J'étais, j'ai été*, voilà des temps passés du verbe ÊTRE.

Conjuguons-les à toutes leurs personnes.

J'étais	J'ai été
Tu étais	Tu as été
Il était	Il a été
Nous étions	Nous avons été
Vous étiez	Vous avez été
Ils étaient.	Ils ont été.

Ce sont là deux temps bien distincts, comme vous le voyez, quoique passés tous deux. Le premier, *j'étais*, s'appelle *imparfait ;* le second, *j'ai été*, s'appelle *passé indéfini*. D'où viennent ces noms? Vous le verrez plus tard. En attendant, conjuguons l'*imparfait* et le *passé indéfini* de tous les verbes que nous avons vus jusqu'ici: *j'étudiais, j'instruisais, je bâtissais ; j'ai étudié, j'ai instruit, j'ai bâti*, etc., etc.

Il y a encore un temps passé que vous employez souvent dans votre conversation. Je suppose que vos parents vous aient envoyé faire deux commissions et que vous en ayez oublié une. Vous voilà près de votre maison, vous vous le rappelez et vous retournez sur vos pas. Oui, mais vous êtes en retard; on vous en demande la raison: *J'avais oublié* une de mes deux commissions, répondez-vous. *J'avais oublié*, voilà un passé tout particulier: il était déjà passé lorsque vous êtes retourné sur vos pas; il est donc plus que passé, et c'est pour-

quoi on l'appelle *plus-que-parfait.* Conjuguons le plus-que-parfait des verbes dont nous avons conjugué les autres temps.

Je pourrais vous faire connaître encore d'autres temps passés: mais ceux-là, vous ne les employez pas ordinairement dans votre conversation, et il vaut mieux nous exercer sur ce qui vous est familier. Ainsi, vous ferez pleinement connaissance avec la grammaire, et vous garderez quelque chose de nouveau pour le temps où vous serez plus avancés.

Pour terminer cette récréation, voilà un gentil petit garçon dont l'histoire très simple va vous faire repasser tous les temps que nous avons conjugués.

Il *avait perdu* un petit chien qu'il *aimait* beaucoup. Tout-à-l'heure, il *pleurait* à chaudes larmes en le cherchant dans la rue. Maintenant il *l'a trouvé*, il *le tient* dans ses bras ; et lorsqu'il *l'aura ramené* à la maison, il *jouera* plus joyeusement que jamais avec son cher petit favori, et *redoublera* de vigilance pour ne plus le perdre.

VINGT - HUITIÈME RÉCR.

Les modes du verbe. L'indicatif. L'impératif. L'infinitif. Le conditionnel.

L est sans doute arrivé souvent que vos parents vous ont dit : *Sois sage* ou *soyez sages*. Vous-mêmes, parlant à vos frères et sœurs, vous leur avez dit : *Soyons sages. Sois, soyez, soyons,* quel temps est-ce du verbe ÊTRE ? Est-ce un temps passé ? Non, évidemment, c'est un temps présent. Pourtant, nous connaissons déjà le présent *Je suis, tu es, il est,* etc. Voilà donc deux temps présents, et cependant le présent ne comprend qu'un seul moment ; comment cela peut-il être ?

Prenons d'autres exemples. Voyez ce sergent ; il dit aux soldats : *portez arme ! présentez arme ! reposez arme ! croisez baïonnette ! chargez !*

| Portez-arme! | Présentez-arme! | Reposez-arme! | Croisez-elle! | Chargez-arme! |

C'est encore un temps présent, cela, et des plus présents, je vous l'assure ! On n'aurait qu'à s'aviser de le laisser passer sans exécuter le commandement, on verrait !

Votre maître vous dit : *travaillez ;* vous répondez : *je travaille*. Votre père vous dit : *venez avec moi ;* vous répondez : *je viens*. Il vous dit : *sortons ;* vous répondez : *je sors*. Dans ces différents exemples, on parle de *travailler,* de *venir,* de *sortir,* au temps présent ; mais l'action de travailler, de venir, de sortir, n'y est pas présentée de la même manière. D'un côté on la commande ou on la demande ; de l'autre, on affirme qu'elle se fait. C'est ce qu'on appelle des *modes* différents du verbe : *mode* vient d'un mot latin qui signifie *manière*.

Quand on commande, c'est le *mode impératif ;* quand on affirme, c'est le *mode indicatif.*

Le mode impératif ne vous donnera pas grand embarras à le conjuguer : il n'a qu'un temps, puisqu'on ne commande qu'à ceux qui sont présents ; il n'a que trois personnes : la seconde du singulier et les deux premières du pluriel, puisqu'on ne commande qu'à ceux à qui l'on parle et avec qui l'on se trouve.

Puisque nous en sommes aux modes, voyons combien il y en a. Nous en connaissons déjà un troisième avec lequel nous aurons fini tout de suite. Si vous dites : *il faut* ÊTRE *sage ; — pour* ÊTRE *sage, il faut* OBÉIR *à Dieu ; — être* et *obéir* ne présentent l'action qu'en général, sans spécifier de personne ; c'est le *mode infinitif.*

On vous a quelquefois dit : *Vous* SERIEZ *toujours sage si vous pensiez toujours à vos devoirs. Vous seriez,* voilà encore une forme du verbe ÊTRE dont nous n'avons pas parlé. Elle n'affirme pas que vous êtes, que vous avez été ou que vous serez sage ; elle n'affirme pas non plus le contraire, mais elle dit que vous pouvez toujours l'être à une certaine condition. C'est bien là une manière particulière d'être, un *mode* particulier ; on l'appelle *mode conditionnel.* Allons, exerçons-nous sur le conditionnel !

JE LIRAIS si j'avais un livre.
J'OUVRIRAIS si j'avais la clef.
JE MANGERAIS si j'avais une fourchette.

Que de choses l'on ferait, si...... Allons, posons-en de ces conditions ! cela nous donnera occasion de nous exercer sur le conditionnel.

J'achèterais cette maison, si......

Je copierais ce tableau, si......'

Je répondrais à ce discours, si......

J'irais vous voir, si......

J'allumerais cette lampe, si......

J'enverrais cette lettre, si......

Complétez-moi le sens de toutes ces phrases, puis conjuguez-les à toutes les personnes.

Maintenant, une question. Le conditionnel n'a-t-il qu'un temps ? Il en a deux : un présent, que vous venez de voir, et un passé : *j'aurais été, j'aurais vu, j'aurais écrit, j'aurais répondu*, etc.

Il vous sera facile de vous exercer sur ce temps à toutes les personnes.

Voilà donc quatre modes trouvés. Y en a-t-il encore un ? Oui, et nous l'avons gardé pour la bonne bouche ; il fera l'objet de notre prochaine récréation. Retenons, en attendant, qu'il s'appelle le *subjonctif*.

Le subjonctif.

QU'EST-CE que le *subjonctif ?* Nous allons le voir en prenant un exemple. Puisque le point principal est toujours d'être sage, choisissons notre exemple dans cette idée-là.

Si vous dites : *Mes parents désirent* QUE JE SOIS *sage, que je sois* est une nouvelle forme du verbe ÊTRE, sur laquelle nous n'avons pas encore raisonné, quoique cependant elle vous soit bien connue et bien familière. Qu'observez-vous dans cette forme ? C'est qu'elle exprime un désir, un souhait, un doute. Eh bien ! c'est là le *subjonctif.* Le mot *subjonctif* vient d'un mot latin qui exprime la dépendance ; parce que, comme vous le remarquez, le verbe au subjonctif dépend toujours d'un autre verbe : *Je désire que... Je demande que... Je doute que...,* etc. Exerçons-nous sur le subjonctif.

Voyez ces ouvriers vigilants qui ont devancé l'heure ; ils attendent *qu'on ouvre* la porte de la fabrique. Ce pompier

QU'ON OUVRE ! QU'ON APPORTE !

qui est là à la fenêtre d'une maison qui brûle, demande *qu'on lui apporte* une échelle, afin *qu'il puisse* sauver un enfant qu'il tient. Voyez ce chasseur, qui aperçoit un loup dans le bois où il s'est égaré. Comptant peu sur son adresse, il sou-haite *que le loup passe* sans le voir.

— Conjuguez donc les subjonctifs : *que j'ouvre, que j'apporte, que je puisse, que je passe.* Vous en trou-verez ensuite autant d'autres qu'il vous viendra de verbes à la pensée.

Encore une question. Le sub-jonctif n'a-t-il qu'un temps ? Il en a plusieurs : mais je gage que vous n'en avez jamais employé d'autre, dans votre conversation, que le pré-sent, et tout au plus le passé : *que j'aie été, que j'aie fini, que j'aie vu.* Vous avez souvent entendu dire, par de grandes personnes : *Il fallait que* JE FUSSE *prêt ; il aurait fallu* QUE J'EUSSE ÉTÉ *prêt ; il a fallu* QUE JE MANGEASSE, QUE JE SOR-TISSE, QUE JE VINSSE, QUE JE LUSSE. Tout cela est du bon français ; mais nous en pourrions faire de très mauvais si nous voulions nous aventurer dans ces manières de parler avant d'être un peu plus forts en grammaire. Il ne faudrait pas longtemps pour que nous nous *embarrassassions*, que nous ne *dissions* et n'*écrivissions* que des sottises, et que, sans que

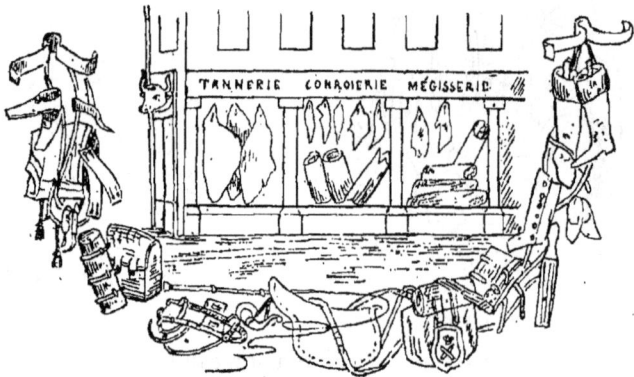

nous nous en *aperçussions*, nous nous *trouvassions* en plein dans les cacophonies, les cacographies et les cacologies, vulgairement nommées *cuirs*, que tout écolier qui se respecte doit éviter avec le plus grand soin.

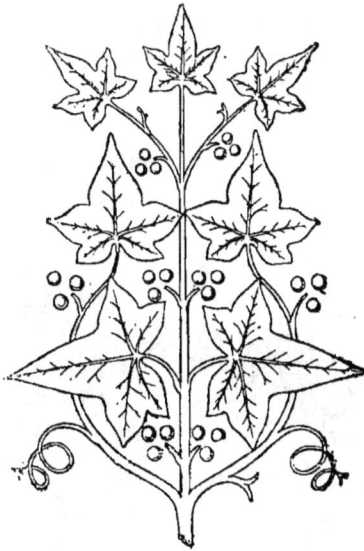

AVONS-NOUS donc fini avec le verbe ? Ah bien oui ! Sachez que nous n'en finirons pas avec le verbe ! Ne vous ai-je pas dit que c'était le mot par excellence, le mot des mots ? Il en a plus dans son sac que nous ne saurions en prendre. Revenons donc un peu sur les verbes que nous avons vus, et cherchons si nous ne remarquerons pas certaines particularités qui ont pu nous échapper. Oui ! Je vois déjà quelque chose de très intéressant.

En voilà une troupe immense qui sont tous terminés en ER : *Rayonner, monter, traîner, courber, lever, manger, aller,*

pousser, tirer, épancher, lécher, rêver, voler, empoigner ; et tous ceux qui arrivent dans le fond et dont nous ne savons distinguer les bannières ; et tous ceux qui sont là campés dans le lointain, et qui, au premier signal, viendront nous inonder comme un déluge ! Y en a-t-il, y en a-t-il de ces verbes en *er !*

Maintenant voici la troupe des verbes en IR. Elle n'est pas aussi serrée, aussi tumultueuse ; mais elle ne laisse pas que d'offrir un nombre assez respectable. Elle me paraît assez harmonieuse, cette troupe de verbes en *ir*. On dirait un escadron de cavalerie légère, marchant aux sons de la musique.

En voici d'autres qui ne sont pas si fringants...... Monsieur, vous êtes cité à *comparoir*... Je ne pense pas *pouvoir*... Je vais *voir*... Veuillez vous *asseoir*... Vous avez dû *recevoir*... Je crois m'*apercevoir*...

Moi, je crois apercevoir que messieurs les verbes en *oir*

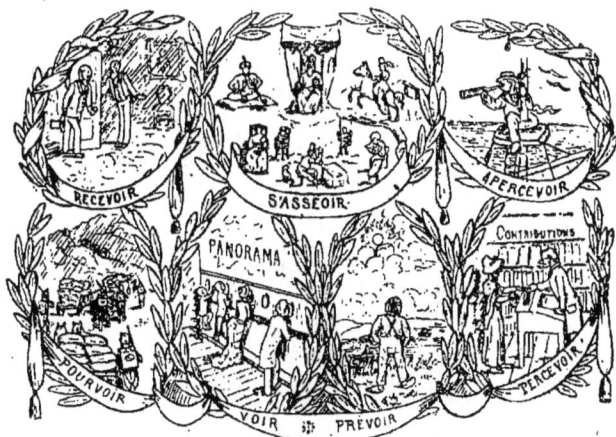

(gare aux calembours) nous font ouvrir la bouche bien largement. Ils ne sont pas nombreux, ces intéressants

personnages ; mais ils ont des prétentions singulières.
Croiriez-vous qu'il leur faut presque à tous une conjugaison
particulière, à ces originaux-là ? On dit *voir, je vois*. S'agit-il
du verbe *devoir*, si quelqu'un pensait dire *je devois* : Halte-là,
monsieur, on dit *je dois!* — Excusez. — *S'asseoir, je
m'asseois.* — Monsieur cela ne se dit guère ; dites plutôt *je
m'assieds.* — *Pourvoir, je pourvoirai ; prévoir, je prévoirai...*
cela va bien... *voir, je voirai...* — Oh ! l'horreur ! *Je voirai*,
dites donc *je verrai!* — *Valoir, je vaudrai ; vouloir, je vou-
drai ; pouvoir, je poudrai...* — *Poudrai!...* Vous confondez
avec le verbe *poudrer*, mon cher ! Nous ne sommes pas ici
dans un cabinet de perruquier... — *Recevoir, recevez ; savoir,
savez...* — *Savez*, cela ne se dit pas ; on dit *sachez...* Et
sachez que vous n'aurez pas encore fini demain si vous
essayez d'éplucher tous les verbes en *oir ;* pourtant il n'y en
a pas beaucoup. Salut à ces messieurs, nous reviendrons les
voir plus tard.

Ah! ah! En voici d'une autre sorte! *Mordre, tordre, pren-*

dre, prétendre, défendre, moudre, atteindre ! On ne les accusera pas de mollesse ni de grasseyement, ceux-ci ; c'est le bataillon des énergiques et des sonores. *Rrran tan plan!* Voyez-les défiler.

Il y en a, il y en a, il n'en manque pas. *Rrran, rrran, rrran, tan plan!* Sont-ils tous aussi durs à cuire ? Non pas tout-à-fait. Vous venez de prononcer le verbe *cuire;* y a-t-il rien de plus doux (ne confondez pas avec *cuir*)? Ce verbe-là ne rappelle plus la poudre et la mêlée, mais la gamelle, qui est une assez bonne chose, quand on a bien combattu. *Lire, écrire, produire, introduire, conduire, suffire, confire,* voilà tous verbes terminés en *re* et qui sont pourtant des gens bien pacifiques.

Voyons s'il n'y en a pas une cinquième troupe ? Non, c'est fini ; ces gaillards-ci ferment la marche. Il est vrai qu'après eux on pouvait tirer l'échelle. Savez-vous ce que nous allons faire, maintenant ? Nous allons en prendre un de chaque troupe, et mettre ces messieurs en présence, pour les comparer, à chacun des temps que nous connaissons. Commençons par le *présent.*

J'aime	Je finis	Je reçois	Je rends
Tu aimes	Tu finis	Tu reçois	Tu rends
Il aime	Il finit	Il reçoit	Il rend
Nous aimons	Nous finissons	Nous recevons	Nous rendons
Vous aimez	Vous finissez	Vous recevez	Vous rendez
Ils aiment.	Ils finissent.	Ils reçoivent.	Ils rendent.

C'est assez original, n'est-ce pas, cet exercice-là ? Prenons maintenant les temps passés de l'indicatif. D'abord l'*imparfait.*

J'aimais	Je finissais	Je recevais	Je rendais
Tu aimais	Tu finissais	Tu recevais	Tu rendais
Il aimait	Il finissait	Il recevait	Il rendait
Nous aimions	Nous finissions	Nous recevions	Nous rendions
Vous aimiez	Vous finissiez	Vous receviez	Vous rendiez
Ils aimaient.	Ils finissaient.	Ils recevaient.	Ils rendaient.

Tiens, les voilà qui se ressemblent tous, à ce temps-là ; c'est bon à noter. Voyons le *passé défini :*

J'ai aimé	J'ai fini	J'ai reçu	J'ai rendu
Tu as aimé	Tu as fini	Tu as reçu	Tu as rendu
Il a aimé	Il a fini	Il a reçu	Il a rendu
Nous avons aimé	Nous avons fini	Nous avons reçu	Nous avons rendu
Vous avez aimé	Vous avez fini	Vous avez reçu	Vous avez rendu
Ils ont aimé.	Ils ont fini.	Ils ont reçu.	Ils ont rendu.

Ouais! Voici quelque chose de mieux : *J'ai, tu as, il a*, et un autre mot qui est toujours le même à toutes les personnes; cela n'est pas bien difficile. Je crois que le *plus-que-parfait* va nous en dire autant. Voyons :

J'avais aimé	J'avais fini	J'avais reçu	J'avais rendu
Tu avais aimé	Tu avais fini	Tu avais reçu	Tu avais rendu
Il avait aimé	Il avait fini	Il avait reçu	Il avait rendu
Nous avions aimé	Nous avions fini	Nous avions reçu	Nous avions rendu
Vous aviez aimé	Vous aviez fini	Vous aviez reçu	Vous aviez rendu
Ils avaient aimé.	Ils avaient fini.	Ils avaient reçu.	Ils avaient rendu.

Eh bien! je vous dirai tout de suite que le *futur* et le *conditionnel* des quatre conjugaisons se ressemblent parfaitement dans leurs terminaisons. Vous pourrez vous en convaincre en les conjuguant; en voici les premières personnes :

Futurs.

J'aimerai.	Je finirai.	Je recevrai.	Je rendrai.
J'aurai aimé.	J'aurai fini.	J'aurai reçu.	J'aurai rendu.

Conditionnels.

J'aimerais.	Je finirais.	Je recevrais.	Je rendrais.
J'aurais aimé.	J'aurais fini.	J'aurais reçu.	J'aurais rendu.

Comparons-les maintenant à l'impératif, ce sera curieux :

Aime.	Finis.	Reçois.	Rends.
Aimons.	Finissons.	Recevons.	Rendons.
Aimez.	Finissez.	Recevez.	Rendez.

Ils diffèrent entre eux, il est vrai ; mais ce sont les différences que nous avons déjà vues au présent de l'indicatif. Venons maintenant au *subjonctif*, et voyons ce qu'il donne.

Que j'aime	Que je finisse	Que je reçoive	Que je rende
Que tu aimes	Que tu finisses	Que tu reçoives	Que tu rendes
Qu'il aime	Qu'il finisse	Qu'il reçoive	Qu'il rende
Que nous aimions	Que nous finissions	Que nous recevions	Que nous rendions
Que vous aimiez	Que vous finissiez	Que vous receviez	Que vous rendiez
Qu'ils aiment.	Qu'ils finissent.	Qu'ils reçoivent.	Qu'ils rendent.

Il faut avouer que celui-ci nous donne un peu matière à réfléchir. Considérons-le donc avec attention et ne craignons pas de nous exercer à son sujet.

Je ne vous parle pas de la comparaison de l'infinitif aux quatre conjugaisons ; vous savez qu'on les distingue par la différence de terminaison de leur infinitif.

1re Conjug.	2me Conjug.	3me Conjug.	4me Conjug.
en ER	en IR	en OIR	en RE
Aimer	Finir	Recevoir	Rendre

L y a une toute petite chose très intéressante que nous avons remarquée, mais sur laquelle nous ne nous sommes pas expliqués. Il est temps que nous le fassions. Lorsqu'on dit : *J'ai aimé, J'avais aimé, J'aurai aimé, J'aurais aimé; J'ai fini, J'avais fini, J'aurai fini, J'aurais fini; J'ai reçu, J'avais reçu, J'aurai reçu, J'aurais reçu; J'ai rendu, J'avais rendu, J'aurai rendu, J'aurais rendu;* on trouve là le verbe *avoir* mêlé au verbe

que l'on conjugue. Il est donc bien complaisant, ce verbe *avoir*, de venir ainsi aider ses confrères ?

Il a pourtant ses affaires à lui, si je ne me trompe, et il n'est pas seulement venu au monde pour servir de béquille aux autres. On ne dit pas seulement *avoir été, avoir aimé, avoir fini*, etc.; on dit bien aussi *avoir de l'argent, avoir des dettes, avoir du talent, avoir du génie, avoir du cœur, avoir un emploi, avoir des amis, avoir des connaissances*, etc. etc.

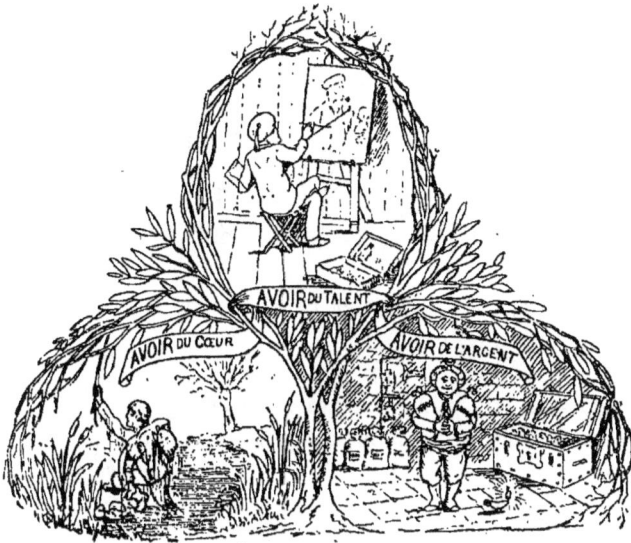

AVOIR est bien un verbe, et l'on tient à ce qu'on *a*, sauf au mal de dents. C'est toujours un verbe bien généreux que ce verbe *avoir*, qui, possédant tout, s'en va se faire le domestique des autres verbes !

Le domestique ? Non pas, s'il vous plaît ! Il est plus que cela, puisque ces messieurs ne peuvent se conjuguer sans lui, et qu'ils doivent l'appeler à leur secours sous peine de tomber à plat. Que serait le verbe *être*, si fier et si grand, s'il n'avait pas le verbe *avoir* pour pouvoir dire *J'ai été*, *J'aurai été* ? Non, non, le verbe *avoir* n'est pas un domestique, c'est un AUXILIAIRE.

Mais voici quelque chose de plus étonnant : c'est que le verbe *avoir* a besoin lui-même d'un *auxiliaire* pour se conjuguer. Croyez-vous que les autres viendront lui rendre son assistance ? Nullement, ils n'en sont pas capables ; le verbe *avoir* sera obligé de s'assister lui-même.

Conjuguons-le tout entier, ce verbe *avoir*, et ajoutons-y ce qui est agréable ; voyons :

J'ai du bon tabac dans ma tabatière.

Tu as du bon tabac dans ta tabatière.

Il a du bon tabac dans sa tabatière.

TU AS...

J'AI...

IL A...

Ce serait drôle, un verbe conjugué ainsi jusqu'au bout ! Ce serait même trop drôle ; je vois que vous riez déjà trop. Allons, prenons quelque chose d'un peu plus sérieux :

J'ai un bon livre.

Tu as un bon livre.

Il a un bon livre.

Et cœtera, et cœtera. Je gage que vous conjuguez tout le verbe par vous-même, sans que j'y mette rien du mien.

TOUT en conjuguant ainsi le verbe *avoir*, et en y ajoutant le nom de ce que l'on peut avoir, il me vient dans l'idée de faire la même chose pour d'autres verbes. Allons, prenons le verbe *manger*. Pour manger, il faut aussi avoir quelque chose : sinon, on ne mangerait rien ; c'est clair. Manger quoi ? *Manger du pain, manger de la viande, manger des légumes.* Voyons un peu le verbe *boire : boire de l'eau, boire du vin, boire de la bière.* Et le verbe *lire : lire un journal, lire une lettre, lire une enseigne...* C'est admirable !

Continuons. *Marcher* ... Eh ! eh ! *Marcher* quoi ?... Il paraît qu'on ne marche pas quelque chose. *Tomber* quoi ?... rien du tout. *Luire* quoi ?... Le soleil luit, et tout est dit. Il luit *pour* tout le monde, mais il ne luit *rien* ni *personne*...... C'est singulier !

Voilà donc deux sortes de verbes : les uns portent l'action sur un objet, et les autres ne la portent sur rien. *Marcher*, cela exprime une idée complète, tandis que lorsqu'on dit *manger*, l'idée n'est complète qu'après la réponse à la question quoi ? *Manger* quoi ? — manger *le pain.*

Il faut pourtant donner un titre à ce nom *le pain*, qui vient ainsi *compléter* l'idée exprimée par le verbe *manger.* Eh bien, on dira qu'il est le *complément* de ce verbe. De même, si l'on dit : *donner un pain, un pain* sera le complément du verbe *donner*.

Oui, mais je trouve que l'idée de *donner* n'est pas encore complètement exprimée quand je sais *ce qu'*on donne ; je voudrais savoir *à qui* on le donne. *Donner un pain*, à qui?... *à un pauvre*.

Voilà donc encore un complément, et le verbe donner aura deux compléments : *un pain* et *à un pauvre*. Nous appellerons le premier *complément direct*, parce que l'action de donner s'exerce directement sur le pain, c'est lui qui est donné ; l'autre complément s'appellera *complément indirect*.

De même, si vous dites : *je tire un sou de ma bourse*, le verbe *tirer* a pour complément direct *un sou*, et pour complément indirect *de ma bourse*.

Voici maintenant une autre remarque. Le verbe *parler* ne saurait avoir de complément direct ; je ne puis dire *parler quelqu'un* ni *parler quelque chose:* mais il peut avoir un complément indirect; je puis dire *parler à quelqu'un*. Il peut même en avoir deux, puisque je puis dire encore : *Parler de quelqu'un* ou *de quelque chose*. De même, on peut dire : *nuire à quelqu'un*, — *penser à quelque chose*, — *rire de quelque chose*, — *répondre à quelqu'un*, etc.

Toujours est-il qu'il y a une grande distinction à faire entre les verbes qui peuvent avoir un complément *direct* et ceux qui n'en peuvent pas avoir. Les premiers s'appelleront verbes *actifs*, les seconds verbes *neutres*.

Allons, vite ! Citons un grand nombre de verbes actifs : *Mouiller, brûler, refroidir, réunir, soustraire, fortifier, couver, saler, guérir, remuer, poursuivre, attendre, porter, voir, animer, chercher, concevoir, distiller, imprimer, cueillir,* etc., etc. Cherchons-leur des compléments directs : *Mouiller le linge, brûler le bois, refroidir la soupe, réunir les amis, soustraire un nombre, fortifier la santé*, etc.

Citons maintenant un grand nombre de verbes neutres : *Briller, bouillir, vibrer, craquer, croître, maigrir, éclore, croupir, bouger, chanceler, sortir, résister, aspirer, dépendre, douter, croire, disparaître, plaire, mentir, manquer*, etc., etc. Cherchons des compléments indirects à ceux qui s'y prêtent : *Aspirer à... dépendre de... douter de... croire à... plaire à... manquer de* et *manquer à...* etc.

Ils semblent se contenter de peu ces verbes neutres. Néanmoins, ne croyez pas qu'ils soient exempts de caprices. Il y en a qui prétendent avoir pour auxiliaire le verbe *être* au lieu du verbe *avoir*. Vous savez qu'on ne dit pas *j'ai tombé*, mais *je suis tombé ; j'ai allé*, mais *je suis allé*. A propos de *aller*, vous remarquerez qu'on dit souvent, *j'ai été, j'aurais été* au lieu de *je suis allé, je serais allé*.

Conjuguons donc le verbe *tomber* avec l'auxiliaire *être :* cela vous donnera une idée des autres du même genre. Je pense qu'il suffira que je vous dise les premières personnes de chaque temps, cela vous servira pour trouver tout le reste.

Je tombe. Je tombais. Je suis tombé. J'étais tombé. Je tomberai. Je serai tombé. Je tomberais. Je serais tombé. Tombe. Que je tombe. Que je sois tombé. Tomber.

Cherchons encore d'autres verbes neutres se conjuguant avec le verbe *être*, et conjuguons-les: *Naître, mourir, venir, partir, arriver, parvenir, entrer, sortir, rester, demeurer.*

E verbe *battre* est un verbe actif : on peut battre *quelque chose*, un habit, par exemple ; et, malheureusement aussi, il peut arriver que l'on batte *quelqu'un*.

Voilà une bande de petits garçons qui, pour leurs menus plaisirs, faisaient tous les jours de mauvaises niches au savetier du coin. Le savetier a perdu patience, et en voilà un qui paie pour les autres. Ses camarades sont déjà en route pour aller dire à ses parents : *Le savetier a battu Charles.* Tout à l'heure, quand il arrivera chez lui en pleurant, il dira : *J'ai été battu par le savetier.* Le savetier a battu Charles, Charles a été battu par le savetier, c'est tout un, comme vous comprenez bien ; ce sont toujours des coups de bâton donnés par le savetier et reçus par Charles ; mais vous comprenez aussi comment les petits garçons, encore tout remplis de la terrible figure du savetier auquel ils ont échappé, font de ce savetier le sujet de leur verbe ; tandis que Charles, qui sent les coups de bâton encore présents, se préoccupe moins du savetier et davantage de lui-même. C'est pourquoi il devient le sujet de son verbe, à lui.

Oui, mais c'est toujours le même verbe *battre;* seulement il est retourné. *Le savetier bat Charles, Charles est battu par le savetier; il battait Charles, Charles était battu par lui;*

il a battu Charles, Charles a été battu par lui; et Charles cherche comment il devra s'y prendre pour ne plus être battu, et pour ne pas conjuguer le verbe au futur : *Je serai battu.*

Comment appellerons-nous ce verbe actif retourné? Nous l'appellerons *verbe passif.* D'où vient ce mot? D'un mot latin qui signifie *souffrir,* parce que le sujet du verbe passif, au lieu de faire l'action, la souffre.

Quand je dis qu'il la souffre, je veux dire qu'il en est l'objet : si, par exemple, au lieu d'être battu, Charles était récompensé, ce serait encore un verbe passif : *Charles est récompensé par le maître, le maître récompense Charles.* On souffre facilement une récompense : vous voyez que le mot *souffrir* ne s'entend pas toujours dans le sens de supporter un mal.

Est-ce difficile de conjuguer un verbe passif? Oh! non, certes! C'est tout bonnement conjuguer le verbe ÊTRE : *Je suis, tu es, il est récompensé; nous sommes, vous êtes, ils sont récompensés.— J'étais, tu étais, il était récompensé; nous étions, vous étiez, ils étaient récompensés ;* et ainsi de suite, ce n'est pas plus malin que cela.

Et quand on veut changer un verbe actif en verbe passif, on n'a qu'à prendre pour sujet du verbe passif le complément direct du verbe actif. Le sujet du verbe actif devient complément indirect du verbe passif, à l'aide de la préposition *par : Le maître récompense Charles, — Charles est récompensé par le maître.*

Voilà déjà bien des fois que nous employons ce mot : *sujet* du verbe; et nous ne nous sommes pas encore demandé ce que c'est qu'un *sujet.* Mais vous l'avez compris aussitôt qu'il s'est agi du verbe, et vous avez vu que le *sujet* est le nom de l'être qui fait l'action ou qui est dans l'état qu'exprime le verbe. *Le maître* est sujet du verbe actif *récompense*, parce qu'il fait l'action de récompenser; *Charles* est sujet du verbe passif *est récompensé*, parce que c'est lui qui est dans l'état exprimé par ce verbe.

Maintenant, il s'agit de nous exercer à tourner des verbes de l'actif au passif : *Le chat prend la souris; le chien ronge cet os; le tailleur apporte mon habit; l'aimant attire le fer; le vent agite les feuilles; le bûcheron abat les arbres; le vent disperse les papiers; l'épine déchire les habits; le loup attaque le cheval; l'ouragan ravage la plaine; le mouton mange l'herbe.....* Allons, tournez-moi tout cela au passif.

Si je vous dis de tourner au passif ces exemples-ci : *Le bâton me soutient, te soutient, le soutient*, vous dites : *Je suis soutenu par le bâton, tu es soutenu, il est soutenu.* Le pronom *me*, qui était complément, a dû se changer en *je* pour devenir sujet; le pronom *te* a dû se changer en *tu;* le pronom *le* a dû se changer en *il.* Ce changement n'empêche pas que *je* et *me* soient de la même personne, de même *tu* et *te, il* et *le;* mais vous voyez que le pronom complément diffère du pronom sujet.

La même chose n'a pas lieu pour les deux premières personnes du pluriel; on dit: *Le bâton* NOUS *soutient,* NOUS *sommes soutenus; le bâton* VOUS *soutient,* VOUS *êtes soutenus.*

Vous verrez, dans la prochaine récréation, qu'il n'était pas mauvais de vous parler ici du pronom *sujet* et du pronom *complément.*

ETTE petite galerie de tableaux intéressants va nous faire comprendre tout de suite ce que c'est que les verbes *réfléchis*. Vous voyez là, entre autres, un petit garçon qui s'est amusé à poser le pied sur les dents d'un grand rateau, appuyé contre le mur du jardin, et à le faire basculer; d'abord tout doucement, puis un peu plus fort, puis, tout à coup,... Aïe! voilà l'action du pied qui se *ré-*

fléchit sur le nez; et comme le pied et le nez appartiennent au même propriétaire, il se trouve que notre petit garçon *s'est frappé* lui-même d'un grand coup de bâton sur le nez, bien involontairement, je vous l'assure! Voyez comme il étend les mains en avant,..... Bah oui! Retire ton pied, mon ami; car il n'est pas trop tard pour que le rateau recommence.

Toujours est-il que vous voyez par là ce que c'est qu'un *verbe réfléchi:* à quelque chose malheur est bon. Voyez, à côté, celui-là qui *se penche* imprudemment sur un puits. Tout à l'heure il pourra *se jeter* dedans et *se noyer:* toutes actions dont il sera l'auteur, et en même temps la victime.

Cet autre, qui est tombé, n'ayant personne pour le relever, *se relève* lui-même. Celui-ci, au coin, a acheté une poire cuite chez la fruitière, et il *se régale;* il fait l'action de régaler et il la reçoit. Et ce gros brave homme, qui *se mouche* de si bon cœur; il rend à son nez un meilleur service que le petit garçon n'a rendu au sien avec le rateau.

Essayons un peu de conjuguer un verbe réfléchi : *je me frappe*, par exemple.

Je me frappe, tu te frappes, il se frappe, nous nous frappons, vous vous frappez, ils se frappent.

Vous voyez que le verbe se conjugue comme à l'ordinaire, excepté qu'on emploie à la fois, à chaque personne, deux pronoms, dont l'un est sujet et l'autre complément.

Vous remarquez aussi que l'on emploie, à la troisième personne du singulier et du pluriel, le pronom *se*, qui n'est employé que dans ce cas, et que l'on appelle, pour cela, *pronom réfléchi*.

En avant, les verbes réfléchis : *Se lever, se raser, s'illustrer, se signaler, se munir, se défendre, se pourvoir, se piquer, s'avancer, se retarder, se soutenir, se contenir*, etc. Conjuguons-les jusqu'au bout, cela nous familiarisera avec eux.

Mais voilà deux gaillards qui *se battent*. Tous deux donnent des coups de poing et tous deux en reçoivent. Seulement celui qui donne le coup de poing n° 1 reçoit le coup de poing n° 2, et ainsi de suite. Je sais bien qu'en fin de compte c'est tout comme, et que, si l'on pouvait additionner les coups reçus et donnés, on trouverait que chacun aurait pu se procurer la même satisfaction en se frappant le nez et les côtes dans sa chambre, sans avoir besoin de chercher pour cela un compagnon ; mais ces messieurs aiment mieux qu'il y ait échange, *réciprocité*. Eh bien, laissons-leur ce plaisir, et donnons à ce genre de verbes-là le nom de *verbes réciproques*. Aussi bien, il y a le verbe *se réconcilier*, le verbe *s'entendre*, le verbe *s'accorder*, qui sont plus aimables et qui exigent aussi la rencontre de deux compagnons.

SE BATTRE.

SE RÉCONCILIER.

Ce qui semble singulier, c'est qu'il y a des verbes, tels que *se repentir*, *se souvenir*, qui se conjuguent comme des verbes réfléchis, et jamais autrement. Ainsi, vous n'avez jamais entendu dire *repentir quelqu'un* ou *quelque chose*, *souvenir quelqu'un* ou *quelque chose*.

Mais voici des originaux encore plus drôles: ce sont les verbes *impersonnels*.

Il pleut, il neige, il grêle..... Qui est-ce, cet *il* qui fait ces actions-là? Ce ne peut être ni Pierre, ni Jacques. *Il* ne représente pas non plus ici le divin Créateur; car, bien que ce soit sa toute-puissance qui fait pleuvoir, ce n'est pas Lui qui pleut. *Il pleut*, voilà tout; c'est monsieur *Pleuvoir* qui pleut. Qui est-ce, ce monsieur Pleuvoir ? Ce n'est personne. Jamais personne n'a dit *je pleux*, ni *vous pleuvez*. Aussi appelle-t-on ces verbes-là *impersonnels*. Conjuguons-en un, ce sera vite fait.

Il pleut, il pleuvait, il a plu, il avait plu, il pleuvra, il aura plu, il pleuvrait, il aurait plu, qu'il pleuve, qu'il ait plu, pleuvoir...... Et voilà tout.

Croiriez-vous que le pauvre rôle des verbes impersonnels a aussi tenté les autres verbes? Il n'en manque pas qui s'amusent parfois à se conjuguer impersonnellement ; voyez plutôt.

Il arrive que... Il convient que... Il semble que... Il paraît que... Il se dit que... Il se répète que... et cœtera.

Le Participe.

LORSQUE nous avons conjugué ces temps du verbe tels que : *J'ai aimé, j'ai fini, j'ai reçu, j'ai rendu*, qui sont composés de deux mots, vous avez peut-être remarqué que je ne vous ai rien dit de cette partie du verbe: *aimé, fini, reçu, rendu*, qui concourt à former ces temps avec le verbe *avoir*. C'est qu'il y avait trop à en dire, et que nous avions déjà assez d'affaires sur les bras. Peut-être aussi vous êtes-vous souvenus qu'au début de nos récréations nous avions appelé cette espèce de mot le PARTICIPE. Eh bien, nous allons en causer aujourd'hui tout à notre aise.

Quoique nous soyons sortis des riches palais du verbe, le participe nous en rappellera le souvenir; c'est comme un cadeau que le verbe nous a fait emporter de chez lui, semblable à ce grand Seigneur d'Orient qui, non content de régaler ses convives, leur faisait emporter un plat d'or de son buffet. Ce serait difficile d'en faire autant aujourd'hui.

N'importe c'est un singulier mot que ce *participe!* Il se souvient qu'il est né du verbe, qu'il compte même pour un mode du verbe; et il veut être en même temps un adjectif: de sorte qu'il n'est ni l'un ni l'autre et qu'il est le *participe*, participant de tous deux. Vous verrez qu'il a bien mérité son nom.

Voulez-vous du beurre *salé* ou du beurre *frais?*

N'est-il pas vrai que voilà un modeste petit adjectif *salé*, qui fait admirablement le pendant de l'adjectif *frais*? Eh bien, ne le défiez pas trop. Il se redresserait et vous prouverait qu'il est un verbe. « Catherine, le beurre que j'avais acheté frais ce matin *est-il salé?* » — « Oui, madame, *je l'ai salé* tout de suite. » Voilà deux *salé* qui vous diront: nous sommes verbes, verbe actif et verbe passif, car nous exprimons une action. — Et ils n'auront pas tort.

Voici des *harengs frais*, des *harengs salés*, des *harengs fumés*, autrement dits *harengs-saurs*. Qui peut dire que *fumés* et *salés* ne sont pas ici des adjectifs, comme *frais* et *saurs*? Pourtant, si je dis: *les harengs ont été salés, ont été fumés*, voilà des verbes.

Allons, faisons le même exercice avec les oignons *brûlés*, les pommes de terre *frites*, les poires *cuites*, le sucre *candi*, le papier *mâché*, le vin *tombé*, et nous en retirerons amusement et instruction.

Mais le participe dont nous venons de parler est le *participe passé;* il y en a un autre qu'on appelle *participe présent*, et qui a ses caprices à lui. Le participe passé, même quand il est verbe, veut encore bien parfois être traité en adjectif, et prendre la marque du pluriel ou du féminin: *Nous nous sommes éloignés*, ou *éloignées*. Le participe présent, quand il est dans l'exercice de ses fonctions de verbe, ne connaît ni masculin ni féminin, ni singulier ni pluriel. Il vous dira: *J'ai vu Charles parlant à Louis, Hortense parlant à Lucie, Charles et Louis parlant à Pierre*. Si vous aviez le malheur de mettre un *e* ou un *s* à *parlant*, il vous renierait pour toujours. Au contraire, descend-il de ses grands chevaux pour se faire adjectif, il vous laissera dire et écrire, le plus poliment du monde: *J'ai vu de petits garçons fort* PAR-LANTS, *de petites filles fort* PARLANTES.

Eh bien, tout revêche que paraisse au premier abord le participe présent, il est encore plus accommodant que le participe passé. Celui-ci, avec son air tout doux et tout patelin, a des finesses qui ont attrapé les plus retors, et leur ont fait faire tout doucement de belles et bonnes

fautes d'orthographe. Mais nous l'attraperons aussi, à notre manière: nous ne le laisserons pas trop approcher ; nous lui ferons une gracieuse révérence; après quoi vous continuerez de parler de votre mieux, d'écouter ceux qui parlent bien, de lire de bons livres et de regarder comment les mots y sont écrits. Et quand vous reviendrez voir maître Participe, le temps aura marché et il fera clair dans votre tête; de sorte qu'au lieu de ressembler à celui qui cherche une pièce de monnaie le soir, à la lueur d'une petite lampe, vous serez comme celui qui la voit briller sans peine, en plein soleil.

Les Adverbes.

LORSQU'UN homme fait une action exprimée par un verbe, il peut la faire *bien* ou *mal*, *vite* ou *lentement*, dans un lieu ou dans un autre, d'une certaine manière ou dans un ordre quelconque.

Voici, par exemple, un homme *bien* coiffé et un autre qui ne l'est pas tout à fait aussi bien. De ces deux pots, vous voyez tout de suite que l'un est *bien* tourné, l'autre *mal* tourné. Enfin vous voyez deux affiches dont l'une a probablement été placardée pendant une pluie battante ; toujours est-il qu'elle est *mal* collée.

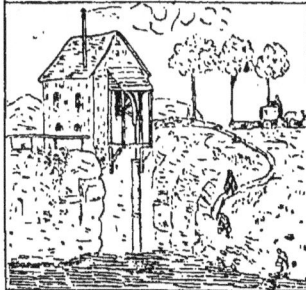

Cet agent de police dit le plus poliment possible à ces messieurs: Vous ne pouvez rester *ici*, il faut aller *là*. Cette pompe à vapeur puise *promptement* l'eau de cette fosse, et ces hommes qui y descendent avec des seaux, la puisent *lentement*.

Les mots *bien, mal, ici, là, promptement, lentement* qui sont placés *près du verbe* pour exprimer le lieu, le temps, la manière, etc., s'appellent des ADVERBES.

Observons que ce titre *adverbe* n'est pas tout à fait juste, car les adverbes se placent souvent aussi près des adjectifs, et même près d'autres adverbes. On peut dire : *Vous travaillez trop;* mais on peut dire aussi : *Vous êtes trop travailleur, trop actif; ceci est trop étroit, ceci est assez large, vous allez trop vite, vous êtes assez gros, etc.*

Quel exercice allons-nous faire sur les adverbes ? Eh bien, nous n'aurons qu'à les chercher et à en retenir le sens, puisqu'il ne leur faut ni masculin ni féminin, ni singulier ni pluriel.

Ici, là sont des adverbes de *lieu;* n'y en a-t-il pas d'autres ? Cherchons : *Dessus, dessous, devant, derrière, dedans, dehors, ailleurs, partout, loin, près......* En voilà déjà pas mal.

Hier, maintenant, aujourd'hui, sont des adverbes de *temps;* cherchons-en d'autres : *Demain, bientôt, autrefois, tantôt, toujours, souvent, jamais, alors.*

Assez, trop, quelle espèce d'adverbes sont-ils ? Des adverbes de *quantité.* Ajoutons-y *peu, beaucoup, tant, combien,* etc.

Plus, moins, aussi, tant, très, etc. marquent aussi la quantité, mais avec comparaison.

D'abord, ensuite, premièrement, secondement, qu'est-ce que ces adverbes-là ? Des adverbes d'*ordre.*

Bien, mal, ce sont des adverbes de *manière.* Il ne manque pas de manières de faire les choses; probablement il ne manquera pas non plus d'adverbes de *manière.* Voyons : *utilement, rudement, proprement, poliment, honnêtement, étourdiment, semblablement, vraiment....* Ah ça, il paraît que nous en faisons autant que nous voulons, de ces adverbes-là ? Je le crois bien, direz-vous, il n'y a qu'à accoler *ment* à un adjectif pour en faire un adverbe, sans plus de cérémonie. — Allons, essayez donc.

Hardiment, bravement, résolument, habilement, adroitement, heureusement....

Eh eh! vous n'avez plus été adroits... ou heureux...: voilà le *ment* qui vous échappe des mains et qui vous retombe un peu lourdement sur les pieds! Ce n'est rien, ramassez-le, je vais vous tirer d'embarras. Il s'agit simplement de prendre le féminin de certains adjectifs pour former les adverbes; moyennant cette petite précaution, vous en pouvez former un très grand nombre, et le *ment* s'y applique *parfaitement*, voyez plutôt.

Puisque nous y sommes, je vais encore vous dire un petit secret, que vous savez déjà à moitié. Vous savez qu'on ne dit pas *méchantement*, mais *méchamment :* eh bien, il en est de même pour tous les adjectifs en *ant* et en *ent* qui changent *nt* en *mment*. *Abondant, abondamment; prudent, prudemment,* etc. Il n'y a que l'adjectif *lent*, qui fasse *lentement*.

Il y a encore bien quelques autres particularités à connaître; mais, pour le moment, elles ne vous seraient pas utiles. Gardons-les pour quand vous serez plus avancés, et faisons bien vite connaissance avec les prépositions.

NOUS n'aurons pas beaucoup de peine à faire connaissance avec les PRÉPOSITIONS; ou plutôt, nous aurions eu beaucoup de peine à ne pas le faire. En effet, à peine avons-nous voulu joindre un substantif à un autre substantif, à un adjectif ou à un verbe, que la préposition *de* ou la préposition *à* sont venues s'en mêler.

LE COLBACK DE L'OFFICIER. — LA BOULE DU BEFFROI. — ŒUVRE D'ART. — TOMBÉ D'UNE FENÊTRE. — VERRE A VIN. — FARINE AU MOULIN. — PAIN AUX PAUVRES.

Voyez-moi tout cela : *le colback* DE *l'officier, la boule* DU *beffroi, œuvre* D'*art, tombé* D'*une fenêtre, verre* A *vin, porter* AU *moulin, donner* AUX *pauvres....* Ne sont-ce pas là toutes vieilles connaissances ? Aurions-nous su vous expliquer la contraction de l'article, sans dire que *du, des,* résultent de la préposition *de,* unie à l'article *le, les;* que *au, aux,* résultent de la réunion de l'article et de la préposition *à* ? De même, nous n'aurions pu vous entretenir du complément indirect d'un verbe, sans parler aussi de ces prépositions.

Mais il y a encore d'autres prépositions que ces deux-là, comme vous pensez bien. *Dans, sur, contre, malgré, devant, derrière, en, pendant, vers, près de, vis-à-vis.* Voilà autant de prépositions. Cherchons des exemples de leur emploi : *Entrer dans la maison,* — *poser sur la table,* — *appuyer contre le mur,* — *passer malgré la consigne,* — *attendre devant la porte,* — *se réfugier derrière un arbre,* — *voyager en mer,* — *dormir pendant la classe,* — *aller vers l'église,* — *s'arrêter vis-à-vis d'une maison.*

CONTRE...

DERRIÈRE...

PENDANT...

Et pourquoi les appelle-t-on des *prépositions*, ces petits mots si utiles ? Parce qu'ils sont *posés devant* certains mots, dont ils marquent le rapport avec les mots qui les précèdent. Et comment appelle-t-on le mot devant lequel elles se trouvent ainsi placées ? On l'appelle le *complément* de la préposition. Pourquoi ? parce que, sans lui, la préposition n'aurait qu'un sens incomplet. *Entrer dans... poser sur... appuyer contre...* cela ne voudrait rien dire ; *la maison, la table, le mur*, qui sont les compléments des trois prépositions *dans, sur, contre*, viennent compléter le sens.

Les Conjonctions.

L y a une CONJONCTION qui est au moins aussi employée que la préposition *de;* c'est la conjonction ET. S'en sert-on de cette conjonction-là! Continuellement elle est occupée à *réunir* des noms, des adjectifs, des pronoms, des verbes, des adverbes. Elle a de la besogne assurément!

La conjonction *ni* réunit aussi beaucoup de choses et beaucoup de gens.... pour les mettre à la porte.

Je ne veux ni votre vin, ni votre thé, ni vos pâtés, ni vos poires; — je n'ai ni faim, ni soif; — je ne puis ni boire, ni manger; — ce ne serait ni raisonnable, ni prudent; — je ne prends ni trop, ni trop peu.

La conjonction *ou* est encore assez originale. Elle nous donne un choix à faire: *Voulez-vous de la bière ou du vin, de l'or ou de l'argent? Voulez-vous vous asseoir ou rester debout?*

Le choix à faire n'est pas toujours agréable. Par exemple, lorsqu'un particulier vous accoste la nuit au coin d'une rue ou d'un chemin pour vous demander *la bourse ou la vie!*

Il se trouva qu'un soir, un individu d'assez mauvaise mine ayant fait cette demande à un passant reçut pour réponse: « Monsieur, c'est précisément ce que j'allais avoir l'honneur de vous dire. » Le voleur prit mon passant au collet, le conduisit sous le réverbère, et fut saisi de respect en voyant qu'il avait encore plus mauvaise mine que lui. Ils se trouvèrent charmants et se serrèrent cordialement la main.

La conjonction *mais*, quoique moins terrible, ne laisse pas que d'être parfois assez importune et assez inquiétante. *Charles est doux, mais.... il est étourdi. Jules est intelligent,*

Charles est doux,	Jules est intelligent,	Louis est studieux.
MAIS il est étourdi.	MAIS il est paresseux.	MAIS il est jaloux

mais.... il est paresseux. Louis est appliqué, mais.... il est jaloux. Faites en sorte, chers enfants, qu'il y ait le moins de *mais* possible à ajouter à vos qualités, et, au contraire, le plus possible à vos défauts. Par exemple, s'il arrive que vous ayez mérité le reproche d'être un peu gourmand, qu'on puisse dire : *mais il s'est corrigé.* Si vous avez fait de la peine à un de vos camarades, qu'on puisse dire : *mais il l'a promptement réparé.* De cette manière, soyez sûr qu'on vous aimera.

Vous connaissez la conjonction *si:* nous l'avons employée à propos du conditionnel. Qu'est-ce qu'elle *réunit* cette conjonction-là ? Elle réunit l'idée de la condition à celle de la chose qui aurait lieu si cette condition était remplie : *Vous deviendrez instruit, si vous voulez étudier; — je vous récompenserai, si vous êtes sage; — ce papier serait bon, s'il n'était pas humide.*

La conjonction *car* réunit une idée au motif qui en est donné : *Vous serez récompensé, car vous avez été sage; — vous deviendrez instruit, car vous étudiez bien;* etc. La conjonction *parce que*, dont vous faites si souvent usage, a un sens analogue.

Mais y a-t-il une conjonction plus souvent employée que la conjonction *que? Je crois que…. Je prétends que…. Vous dites que…. Je doute que…. Il faut que…. Il est désirable que….* Que ferait-on, si l'on n'avait pas ce *que* ? Et prenons garde! Je viens de dire *que ferait-on?* Vous savez que ce *que*-là est un pronom, signifiant *quelle chose,* tandis que l'autre est conjonction. Ayons soin de toujours les distinguer. Tenez, voici un petit exemple pour vous exercer : *Je pense* QUE *le livre* QUE *je vous ai prêté est bien celui* QUE *vous m'aviez demandé: ce* QUE *je sais, c'est* QU'*il est amusant et instructif.*

Voyez donc comme les conjonctions jaillissent en foule de ce *que*, semblables aux rayons d'un soleil! Quel feu d'artifice! Il en vient, il en vient toujours. On dirait que ce simple petit mot peut tout transformer en conjonctions.

Les mots *ainsi, comme, quand, donc, soit*, sont aussi des conjonctions que vous employez bien souvent. Je ne vous en dis pas davantage, car il est temps de dire adieu à cette espèce de mots. Nous terminerons nos récréations instructives par les *interjections* qui les clôtureront avec toute la gaîté désirable.

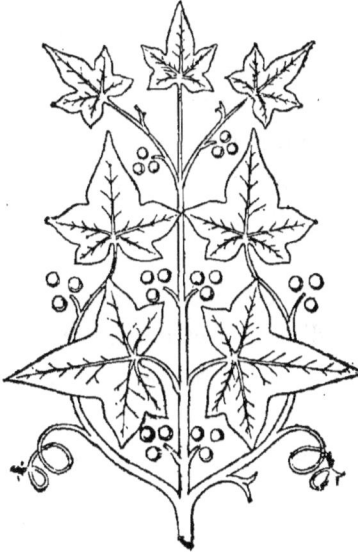

TRENTE-NEUVIÈME RÉCR.

Les Interjections.

QU'EST-CE donc que l'INTERJECTION, la dernière des dix parties du dicours ? L'interjection est un mot, une exclamation, un cri qui s'échappe de notre bouche, lorsque nous éprouvons une émotion vive ou imprévue ; qui peint avec vérité la vivacité du sentiment dont nous sommes saisis, et qui parfois équivaut à une phrase entière.

On distingue différentes sortes d'interjections. Les unes indiquent l'étonnement ou l'admiration ; d'autres expriment la douleur, l'affection, la compassion. Il en est qui marquent la dérision, la défiance, l'ironie, le mépris, l'aversion. Certaines interjections servent à appeler, à provoquer, à questionner ou à sonder ; d'autres encore sont destinées à imposer silence.

Nous n'avons pas autre chose à dire des interjections. Que voulez-vous dire en effet de *ah! oh! ho! eh! hé! hum! fi! peste! ouais! pouah! silence! paix! allons! courage! hélas! holà...?* On comprend assez facilement certains de ces mots ; mais pour les autres, c'est le cas de dire que le ton fait la chanson.

Eh bien, mes petits amis, puisque nous n'avons plus rien de mieux à faire, faisons défiler les principales interjections devant nous, et considérons bien leur physionomie. Ce vous sera, je pense, une agréable récréation.

TABLE DES MATIÈRES.

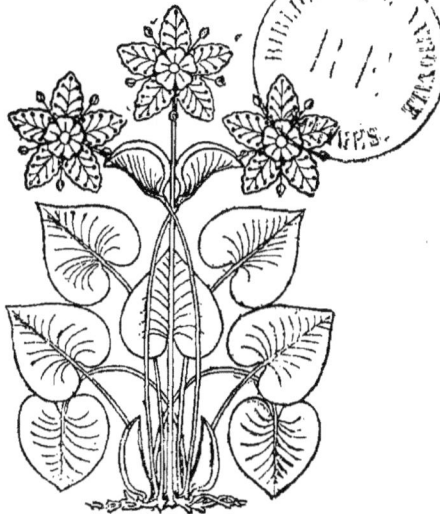